SNS上で広まる
ビジュアル
都市伝説

「友だちの友だちが……」と人
へと伝わっていった都市伝説が、
半からパソコンの普及により爆
りをみせ、その後携帯電話の普
及によりさらに加速した。

そしてFacebook、LINE、Twitterなどの
SNS全盛の時代になり、都市伝説も今まで
では想像もできない進化を遂げている。

ここに集めたのは世界的に流れているビ
ジュアル的な都市伝説である。あなたも一度
は、こんな写真を見たことはありませんか？

自由の女神像に忍び寄る巨大竜巻……この写真は、2010年9月16日にニューヨークで撮影したものです。わずか10分余りで何千本という数の樹木が根こそぎ抜かれて上空に舞い上がり、その直後にものすごい雨が降りました。地下鉄網をはじめとする公共交通網にも大きな被害が出て、マンハッタンも機能停止状態に陥りました。この写真は、私がオフィスの窓から撮影したものです。

７つ頭のヘビ……神よ、人間を救いたまえ！　この写真は、私がホンジュラスを旅行中、トレッキングしていた山中で撮影したものです。聖書にも７つ頭のヘビの逸話が出てきますが、この不気味な生き物は、聖書の記述が正しいことを示す証拠だと思います。

どういうシチュエーション？……と思いましたよね？　実は、クウェートの科学センターで撮影されたもののようです。１階に水族館があるのですが、そこの巨大水槽が壊れ、中で飼育されていたサメが自由に泳げる状況になったそうです。幸いにも、人的被害はまったくありませんでした。

お宅でネコ飼ってません？……この写真は、モンタナ州に住んでいるおじいちゃんが送ってくれたものです。ある日、おばあちゃんの悲鳴を聞いてキッチンに駆けつけると、アライグマが子猫を抱いて戸口に立っていたそうです。持っていたケータイですかさず撮ったのが、この写真です。ちなみに、アライグマはこのままの姿勢で数分間立っていたそうです。

SNS上で広まる
ビジュアル都市伝説

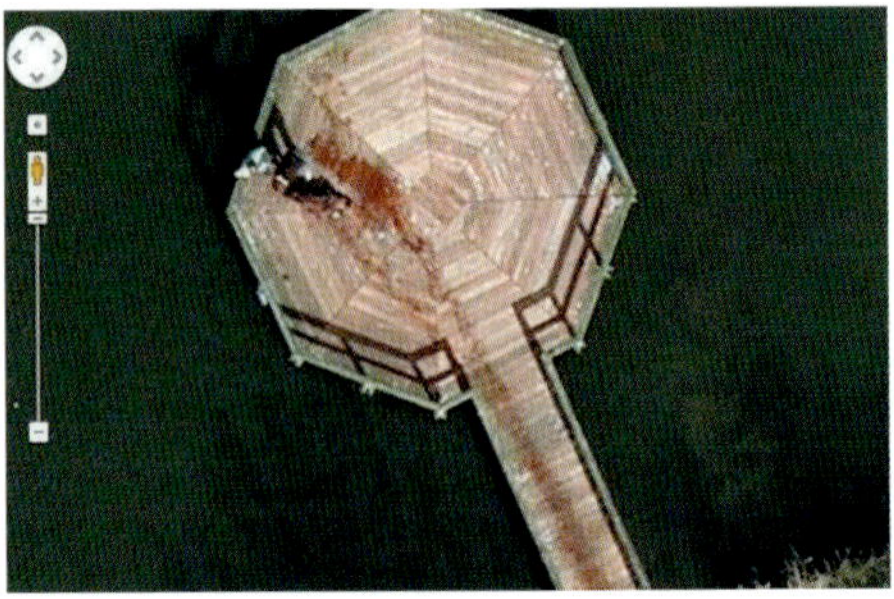

殺人現場写真……グーグルマップで52.376552, 5.198303という座標の数字を打ち込むと、湖に突き出た桟橋の上で死体を引きずっている男らしき人影がばっちり写り込んでいます。うまく隠そうと思っても、現代の衛星テクノロジーは犯罪もそのままの姿で残してしまうのです。

スフィンクスに積雪……2013年12月、すさまじい吹雪が中東全域を襲いました。エジプトでも雪が降り、スフィンクスに雪が積もるという珍しい現象が起きました。たまたま旅行でエジプトを訪れていた私は、この歴史的瞬間を写真に撮影することができました。

人魚の全身骨格……この写真は、ブルガリアで撮影されたものだそうです。ソフィア大学の地質学部が行った発掘調査で、８００年前の地層を調べていたところ、当時起きた地震の津波によって内陸部まで運ばれたと思われる人魚の全身骨格が発見されました。近いうちに徹底的な検証が行われる予定になっており、その結果はきちんとした学術論文にまとめられ、発表されることになっています。

SNS上で広まる
ビジュアル都市伝説

宇宙空間から撮影した日食……信じられない写真です。これは、NASAがこれまで公表を差し控えてきた写真です。スペースシャトル計画の半ばにさまざまな実験や観測が行われていましたが、日食を集中的に検証することを目的としたプロジェクトが存在しました。その途中で撮影されたのがこの写真だそうです。もちろん、初公開です。それにしても、驚くべき光景だと思いませんか？

スーパームーン……私は、ホノルルに住むアマチュア天文学家です。ご存知の方も多いかと思いますが、2013年6月にスーパームーン現象が起きました。世界各地で素晴らしい写真が撮影され、私のところに送られてきましたが、ここではそのベスト2を紹介しようと思います。どちらも素晴らしいので、ベスト1は決められません。皆さんが決めてください。上はカリフォルニア州のシエラ・ネバダ国立公園で撮影されたもの、そして下はブラジルのリオ・デ・ジャネイロで撮影されたものです。

飛行機文字……写真をよく見てください。とある航空ショーで私が撮影したものです。ハリアーという戦闘機の編隊飛行を写したものですが、御覧の通り、“FUCK OFF”という文章をつづっているとしか思えません。パイロットたちが訓練して意図的にしたことなのか、何百万分の一の確率で、たまたまこういう位置関係になったのか、私にはわかりません。

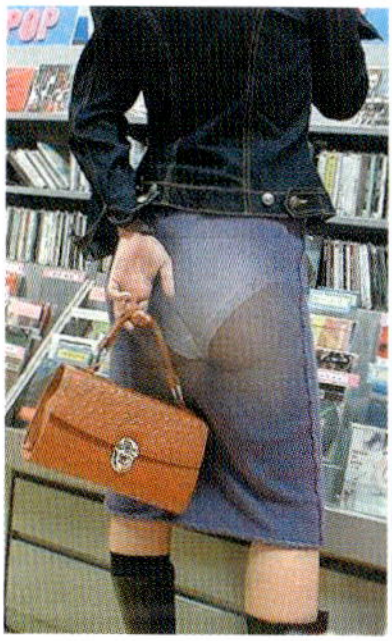

日本の流行……日本で仕事をしてるいとこが送ってきた写真。東京では、下着プリントのスカートが大流行してるらしい。ハラジュクとかシブヤの一部のショップでは、すでに“お尻プリント”のジーンズも売ってるようだ。今のところこのトレンドは女の子に限ったものらしいが、いとこは、男物が発売されるのも時間の問題だと言ってる。俺の彼女用に、スカート1枚買って送ってくれたから、これは本当だろう。クールジャパンだね！

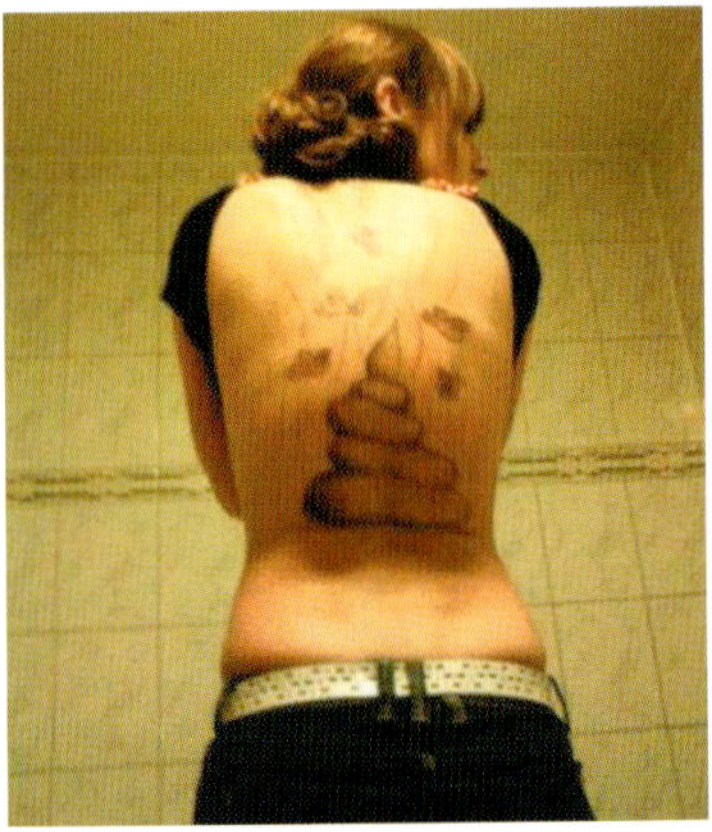

まさかの絵柄……オハイオ州デイトン在住のタトゥー・アーティスト、ライアン・フィッツジェラルドが、付き合っていたロッシー・ブロベントから10万ドルの損害賠償請求裁判を起こされた。ブロベントは『ナルニア国物語』のシーンを絵柄に選んだが、フィッツジェラルドはなぜか写真のような考えられない絵柄の入れ墨を完成させてしまった。双方の申し立てが完全に食い違い、裁判は難航しているらしい。

※ここに掲載されている写真はすべてSNS上で流されているもので、真偽のほどは定かではありません。

世界最大の女……身長2メートル20センチの世界最高身長女性の写真です。体重は145キロあるそうですが、プロポーションは抜群ですね。オランダ出身で、趣味はおしゃれ。ただ、体に合う服がないので、すべて手作りでまかなっているそうです。写真で話しかけられている男性もたじたじです。

書下ろし

最新　都市伝説の正体

宇佐和通

祥伝社黄金文庫

本書は文庫のための書下ろしです。

まえがき

わりと最近の話。電車に乗って打ち合わせに向かっていると、とある駅で数人の女性のグループが乗ってきた。年齢は40代半ばから50代半ばといったところ。ちょっと手持ちぶさただったのでメールをチェックしていたら、そのうちの一人が仲間に向かって話し始めた。

「あのさ、歌手の〇〇と〇〇が付き合ってるって知ってる?」

「え?　それって二人ともゲイ(年齢のわりにはアーバンな表現)っていうこと?」

「そうなのよ……。私のいとこの友だちが〇〇県(近畿地方のとある県)で漁師やってるんだけど、網を干してるときに二人が手をつないで海岸を歩いてるのを見たんだって……」

「私も似たような話知ってるけど、それじゃないわね」と、やや断定的な響きで二人目が口をはさむ。

「あの〇〇軍団って男ばっかりでしょ。全員こっち(手のひらを外に向けて口の横に持ってくる、あの仕草）なんだって……」

「それはないでしょ。だって、この間結婚した人がいたじゃない」と三人目が言った。この反論に二人目が答える。「それが違うのよ。あれはカモフラージュなんだって。私が聞いた話では（この時点でネタ元も明らかにできなくなっている）、軍団に入るときに儀式があって、みーんなこっち（もう一度あの仕草）にされちゃうんだって……」

まさに都市伝説。有名人に関する根も葉もない噂《うわさ》（セレブ伝説という表現がある）は世界共通のようだ。このグループがしていた話は、筆者も何回か聞いたことがある。こんな感じで巷《ちまた》に変な噂を広げられては、的にされた人間はたまらない。有名税なんていう当たり前すぎる表現では済まない話だろう。でも、たとえば本人たちが本気で否定しようとしても、それは逆に噂の勢いを強めてしまうだけだ。だからだろうか、噂の的となった本人がそれを否定するという話はほとんど聞いたことがない。

前著『都市伝説の真実』およびその前の『都市伝説の正体』で、筆者は〝友だちの友だち〟という存在について詳しく触れた。念のためもう一度説明しておくと、こういうことだ。

その人と会ったことはないが、なんとなく存在が確信できる人。

　ここでもう一度言っておくが、奇妙な事件や出来事の当事者となった、あるいは思わず誰かに話したくなるような面白い出来事を聞いた〝友だちの友だち〟という人に会うことはできない。そんな人は存在しないからだ。同時に、誰でも〝友だちの友だち〟になる、あるいはされることができる。どこにでもいるが、決して会うことができない人。それが都市伝説の核となる〝友だちの友だち〟なのだ。

『都市伝説の真実』の出版から3年ちょっと経過している。この間、さまざまな新しい都市伝説が生まれ、昔からあるトラディショナルな話も進化を遂《と》げている。日常生活の一部となった各種SNSの普及にあわせ、都市伝説の居場所も広がった。

　この本は、ごく一般的な意味で言えば、新ネタというニュアンスの都市伝説を集めたものだ。前二作同様、街頭インタビューで集めた話に加え、筆者自身に送られてきたチェーンメールや、多くの都市伝説掲示板に書き込まれた話を盛り込んである。これまで同様、楽しみながら話のネタにしていただければ幸いだ。ただし、誰かに話した時点で〝友だちの友だち〟になっちゃいますよ。

宇《う》佐《さ》和《わ》通《つう》

◉もくじ

第1章　時代を反映するSNSの都市伝説

第2章 トラディショナル都市伝説のその後

第3章 ホラーな都市伝説

第4章 犯罪にまつわる都市伝説

第5章 事故にまつわる都市伝説

第6章 夫婦にまつわる都市伝説

第7章 笑える都市伝説

第8章 グロテスクな都市伝説

第9章 事件にまつわる都市伝説

第10章 子どもにまつわる都市伝説

第1章

時代を反映するSNSの都市伝説

【カーメン・ウィンステッドの死】アメリカ、ヨーロッパ

こんなメールを受け取ったことがありませんか？

今から6年前の話。インディアナ州で、カーメン・ウィンステッドっていう女の子がマンホールから下水道に落ちて死にました。でも、正確に言えば事故死ではありません。5人のクラスメートに突き落とされ、殺されたのです。

学校の避難訓練で、5人のクラスメートが彼女を下水に突き落としました。悪ふざけのつもりだったのですが、いくら待ってもカーメンの体は浮かんできませんでした。警察官と消防署員、そして救急隊員が駆けつけて引き上げたときには、すでに死んでいたのです。落ちるときに梯子《はしご》に頭を激しくぶつけたらしく、首の骨が折れていました。こうして、まだ17歳だったカーメン・ウィンステッドは、クラスメートに殺されてしまったのです。もちろん、カーメンを落とした5人は、彼女が自分で足を滑らせてマンホールに落ちたと証言し、みんなこれを信じました。

そして、2カ月ほど前のこと。16歳のデビッド・グレゴリーという男の子が、カーメン

の死に関する書き込みを読みましたが、リポストはしませんでした。その日の夜、彼がシャワーを浴びていると、どこからか若い女の子の笑い声が聞こえてきたが、気のせいだと思ってそのまま寝てしまいました。

次の日の朝。母親が部屋に起こしに来ましたが、デビッドの姿が見えません。携帯電話も置いたままでした。警察に連絡し、捜索してもらったところ、翌日の夜になって、家の近くにある下水道で死体が見つかりました。首の骨が折れ、顔の皮が剝《む》けていました。

カーメン・ウィンステッドに関する書き込みを見つけたら、すぐに「彼女は押されて落ちた」とか、「クラスメートに下水に落とされた」といった文章をリポストしておかなければなりません。そうしないとカーメンが来て、彼女と同じ目に遭《あ》うことになります。

2006年、フェイスブックを中心に〝カーメン・ウィンステッド〟という単語をよく見かけるようになった。一般向けのSNSとしてのサービスを開始したばかりのフェイスブックでは、そもそも学生専用ネットワークとして重宝されていたことからか、やり取りされる情報の内容も学生寄りのものが多かった。

サイバースペースでの都市伝説の広がりを考えると、ここ20年足らずの間に二つの大事件が起きた。ひとつめは1995年のウィンドウズ95発売で、もうひとつは2006年のフェイスブック一般ユーザー向けサービス開始だ。

ソーシャルネットワークサービス、特にフェイスブックは、噂が広がるための要素を〝すべて〟と言っていいくらい具《そな》えている。まず、登録人数がものすごく多い。そして、実名で登録しなければならないので、語られる話の信ぴょう性が若干なりとも高まる。さらには、多くの人が同時に同じ情報に触れることができるので、わざわざチェーンメールにする必要もない。

組織力がものを言ったのか、今はベルギー、ポルトガル、スペイン、フランスなどをはじめとするヨーロッパ圏でも〝カーメン・ウィンステッド〟という名前がよく知られている。

基本となるのはここで紹介したバージョンだが、その後はカーメンの生い立ちとか、恥ずかしがりやで消極的な性格、そして父親がリストラに遭って何回も引っ越しを繰り返さざるを得なかった家庭事情、あるいは父親から性的虐待を受けていたなどという周辺情報が次々に足されていき、最初のホラーストーリーめいた展開の話は二義的なものになってしまった。ものすごく多くの人数がかかわりながら、カーメン・ウィンステッドという存在しない女の子のキャラが確立していったわけだ。

この話の展開の仕方は、１９７９年の日本を席巻したあの〝口裂け女〟の話にそっくりだ。ホラーストーリーとして始まった話が、やがて「なぜ口裂け女が生まれたか」という方向に変わり、その後「会ってしまったらどうするか」という対抗策が話の中心になっていった。

そして、最初のバージョンからいじめ問題の影響がにおわされている。アメリカでもイギリスでもいじめが大問題になっている社会状況の中、フェイスブックが普及し、そこで生まれたカーメン・ウィンステッドが若年層を中心に知られるようになり、あっという間に年齢層も国境も超えて広がった。

そして、進化の仕方から考える限り、〝口裂け女〟の話を懐かしむかなり多くの日本人の関与が感じられる。

【オバマケアの真実】アメリカ

こんなメールを受け取ったことがありませんか？

オバマケア法（アメリカの新しい医療制度）は、アメリカ国民全員にRFIDチップの埋め込みを強要する法案だ。チップの埋め込みの開始は時間の問題だ。SSN（社会保障番号）別にいくつかのグループに分けられ、実施されることになっている。オバマケアは、国民に対するICチップの埋め込みを合法化し、GPS追跡機能まで搭載したチップには、性別・年齢や住所、そして電話番号だけではなく、最終学歴や銀行口座、クレジットカードに関するデータなどの個人情報が入力される。チップの埋め込みについては、〝法制化後36カ月以内に実行される〟という文章になっている。つまり、2015年3月23日までに、アメリカ国民は全員がチップの埋め込みを強制されるのだ。

このメールは、2012年の春先に流行していたものだ。アメリカ初の黒人大統領となり、二期目もまったく危なげなく選挙戦を勝ち抜いたバラク・オバマも、陰謀論系都市伝説の主人公となってしまった。このメールに出てくる〝オバマケア〟というのは、クリントン政権時代に実施された医療制度改革〝メディケア〟から派生した言葉だ。時代を象徴するキーワードは、キャッチコピーのような感覚で都市伝説の核になりやすい。少し前の２０１０年の春には、以下のようなメールがやりとりされていた。

オバマ政権が最近急激に進めている医療改革は、国民の希望をはるかにしのぐところまで行くようだ。オバマ大統領はＮＭＤＲ（National Medical Device Registry＝国家医療装置登録）を法律化しようとしている。このＮＭＤＲとは何か？　法案に関連する書類を見ると、〝移植可能な装置〟という言葉が出てくる。この装置は、〝移植可能であり、電波信号発信システムとデータ記録能力を備え、患者の識別と個々の健康に関する情報を保管・提供する上で有益である〟となっている。

つまり、こういうことだ。医療制度改革として、個人情報を記録したチップがアメリカ国民全員に埋め込まれる。

記録される情報が医療に関するものだけなら納得できるが、チップには銀行情報やクレジットスコア（クレジットカードの利用・支払い履歴）まで含まれるらしい。しかもチップは電波で位置情報まで発信してしまうので、医療にまったく関係ない状況で使われることも十分あり得る。オバマ政権の医療改革の正体は、政府による国民管理のスタートなのだ。

そして、ごく最近ではここで紹介した二つのチェーンメールの内容をまとめ、最後に次のような文章を加えたバージョンが出回っている。

インプラントとして私たちの体に埋め込まれるこの装置は、2000年代から未来へ続く奴隷制度の始まりです。悪魔の装置に気をつけてください。この話が信じられないなら、ご自分で調べてみてください。できるだけ多くの人に真実を知らせ、自分たちで真実を暴くという機運を高めていきましょう。

〝インプラント〟という言葉に注目したい。実はこの言葉、アメリカの陰謀論信者には特にダイレクトに響くものなのだ。夜寝ていたら、窓に明るい光が射し込んできて、次に気が付いたら金属製のベッドに寝かされていて、宇宙人らしき生物数匹に取り囲まれていた。そんな話を聞いたり読んだりしたことはないだろうか。

そして翌朝自分のベッドで目を覚まし、昨日の体験は夢だったんだなと思うが、何かのきっかけで病院に行き、レントゲンを撮ると、鼻の奥とか後頭部の皮のすぐ下に異物が写る。これがインプラントと呼ばれるものだ。

インプラントという言葉のインパクトを最大にするため、最近では、何らかの異物のようなものが埋め込まれている手のレントゲン写真と、取り出した装置の写真が一緒に送られてくるメールもある。

オバマケアがＵＦＯによる誘拐事件まで広がったわけだが、これでも収まりそうにない。背後にイルミナティやフリーメーソンといった秘密結社が介在しているとか、オバマケアこそ〝世界政府〟あるいは〝ニューワールドオーダー（新世界秩序）〟が目指す体制の第一歩にちがいない、という話もちらほら出てきている。

これだけスゴい装置を作り、３億１千万人（２０１１年度の数字）もの人間に埋め込むコストはどれくらいになるのか。こうした素朴な疑問が、緻密《ちみつ》に構築された話を打破する決定的な要素になることもある。単純にコストだけで考えても、これは無理でしょう。

【アイアム・テディー・チェーンメール】　アメリカ、ヨーロッパ

こんなメールが送られてきたことはありませんか?

こんにちは。僕はテディーです。このメールを開いたら、もう戻れません。最後まで読んでください。
もう一度自己紹介しておきますね。僕はテディー、7歳の男の子です。目がなくて、顔が血まみれです。実は、もう死んでるんです。このメールを少なくとも12人に回してください。そうしないと、僕は真夜中にあなたの家に行って、ベッドの下に隠れてあなたが眠るのを待ちます。そしてあなたが眠ったら、僕はあなたを殺します。信じてませんよね?

じゃあ、こんな話はどうでしょうか。
ケース1:これとまったく同じ内容のメールを受け取ったパティ・バックルズは、チェーンメールをまったく信じていませんでした。バカだね、パティ。リビングのソファーでうたた寝していたパティは、テレビの画面がちかちかして、やがて消えるのもわかりませんでした。彼女はどうなったと思いますか? 今は僕と一緒にいます。パティみたいになり

たいですか？
ケース2：ジョージ・サイモンはチェーンメールが大嫌いです。でも、死ぬのはもっと嫌でした。結局メールを4人に回しました。でも、これじゃ全然ダメです。学校の階段から転げ落ちたジョージは今、入院して昏睡《こんすい》状態になっています。意識が戻るかどうかはわかりません。ジョージみたいになりたいですか？
ケース3：ヴァレリー・タイラーも、このメールを受け取りました。またチェーンメールか、と彼女は思いました。そして、7人にしか送りませんでした。その夜シャワーを浴びていたとき、バスルームの鏡にブラディー・メアリー（第3章参照）の姿が浮かび上がりました。あまりのショックに、ヴァレリーはそのまま倒れて病院に運ばれました。人生で一番怖い体験だったみたいです。ヴァレリーみたいになりたいですか？
ケース4：最後は、デレク・ウィリアムズです。デレクは話がわかる人で、きちんと12人にメールを回しました。その翌日100ドル札を拾い、1週間後に昇進し、ガールフレンドにプロポーズして「イエス」の返事をもらいました。子どもも二人生まれて、今はとても幸せに暮らしています。デレクみたいになりたいですよね？
　もう一度言います。このメールを、少なくとも12人に回してください。以下を参考にしてください。
誰にも送らないと…今夜死んじゃいます
1〜6人に送ると…大けがするでしょう
7〜11人に送ると…一生忘れられない怖い目に遭うかも
12人以上に送ると…安全で、幸運に恵まれます
テディーの言うとおりにしてください。急いで！　真夜中までに12人に送らなければいけませんよ！

都市伝説の中には、少なくとも欧米では、PC発のチェーンメールが媒体となって爆発的に広がる話があった。これはウィンドウズ95が発表され、あっという間に普及した1995年からしばらく続いたトレンドだ。

その後は携帯電話が進化し、テクスティング（日本でいうケータイメール）やスマホ発のメールが主な媒体となって現在に至っている。

ここで紹介した話には、古き良きチェーンメールといった響きを感じる。言い換えれば子どもっぽい内容ということだ。登場人物の名前さえ変えれば、日本でも十分通用する内

容だろう。

この原稿を書いている時点（２０１３年12月）では、〝アイアム・テディー〟から進化したチェーンメールの存在は確認できていないが、内容をそのまま日本語に訳したバージョンや、登場人物だけ日本向けに変えたバージョンなどが生まれるのも時間の問題ではないだろうか。

注目すべき要素をもうひとつ挙げるなら、〝ブラディー・メアリー〟というまったく別の都市伝説の登場人物の名前が出されていることだ。このあたり、〝ブラディー・メアリー〟の知名度に乗っかる意図が見え見えな感じもする。

チェーンメールやチェーンレターは昔からあるが、そもそもチェーンメールで広がった都市伝説の内容を利用する形で別の話がチェーンメール化するという増殖の仕方は、とても今日的だ。

さらに言うなら、デスクトップコンピューター並のスペックを持つタブレットやスマホが普及し、さらにフェイスブックやツイッターなど、一瞬にして多くの人たちと情報を共有できる環境が整っている今、都市伝説が生まれて広がり、派生バージョンができて、飽きられて忘れられるというライフスパンも、ものすごく短くなっている気がする。

【無料キーホルダーに隠された狙い】

アメリカ、イギリス、オーストラリア

こんなメールを受け取ったことはありませんか？

ハリス郡警察本部からのお知らせです。ガソリンスタンドや、スーパーマーケットの駐車場で、キーホルダーを配っている男を見ることがあるかもしれません。こういうキーホルダーは、絶対に受け取ってはいけません。特殊なチップが埋め込んであり、GPSとして機能するようになっています。

車を盗んで外国に売りさばくシンジケートが全米規模で暗躍しており、販促品として配られているキーホルダーを使っていて被害に遭う人が続出しています。絶対に受け取らないでください。

彼らは、お金がありそうな人を選んでGPS機能付きのキーホルダーを渡します。しっかりと出来ていて、見た目にも高級感があるので、つい受け取ってしまう人が多いのです。追跡されたら、車を盗《と》られるだけでは済まないかもしれません。命まで奪われる可能性も否めないのです。家族や友人、メールリストの人たちにも知らせてください。

このメール、２０１３年２月の初めに受け取ったものだ。ハリス郡というのは、テキサス州の東南部にある郡だ。郡警察なり州警察なりが発表した警告という体《てい》のチェーンメールは、これが初めてではない。

ＧＰＳ機能を持つチップを仕込んだキーホルダーを受け取った人を襲ったり、車を盗んで売り飛ばしたりというストーリーのメールは、２００８年あたりからやり取りされていた。

ガーナ人とナイジェリア人のシンジケートが、ナイロビを中心とした各地のガソリンスタンドでキーホルダーを配っている。でも、絶対に受け取ってはいけない。ＧＰＳチップが仕込まれていて、後で追跡される。このメールを友だちや家族に回してほしい。私が聞いた話では、シンジケート関係者は裕福そうな人物を狙ってキーホルダーを渡すそうだ。かなりきれいな品物なので、うっかり受け取りそうになるが、絶対にもらってはいけない。

文章に出てくる地名からもわかる通り、当時はアフリカでもまったく同じ内容のメールが流行していたことになる。さらには、いかにも都市伝説といった語り口の、次のようなバージョンもある。これは2010年に見つけたものだ。

「警告!! 昨日、友だちのアンドレが恐ろしい目に遭いました。ガソリンスタンドで給油している時、どこかの石油会社のロゴが付いたユニフォームを着た若い男が近寄ってきて、彼にキーホルダーを渡したそうです。高級な品物なので、『本当にタダなのか?』と尋ねると、若い男はにっこりしながら『はい。どうぞお持ちください』と言いました。

仕事場に帰ってもらったばかりのキーホルダーをよく見てみると、ちょっと変なことに気づきました。銅でできている小さく薄い板が飛び出ていたのです。本体にステッカーが貼ってあったので、それを剝がすと、その部分が透明のプラスチックになっていて、中にSIMカードのようなものが見えました。さらによく見ると、それはSIMカードそのものでした。

キーホルダーを二つに割って中身を取り出したら、見えない部分に小さな発信機らしきものが隠されていました。しかもこの発信機には太陽電池が付いていて、半永久的に電波を送れるようになっていたのです。

アンドレはこれをもってすぐに警察署に行きました。警官が言うには、こうした装置が毎日持ち込まれているそうです。電波で追跡して車を強奪したり、家に押し入って金品を盗んだりする犯行が後を絶たないそうです」

装置そのものについて丁寧に説明されているこのバージョンまでに進化した一連の話は、どこでどう始まったのか。どうやら、発火点は南アフリカだったようだ。

２００８年、カルテックスという南アフリカのガソリンスタンドチェーンが、ヤーホルダープレゼントを目玉にしたプロモーションを大々的に行ったことがある。最初はとても評判がよかったのだが、あまり続かずに終わってしまった。その原因は、ここで紹介した２００８年バージョンだったようだ。

カルテックス側はもちろん噂を否定する公式コメントを出したが、あえて公式コメントを出す態度がかえって怪しいということになり、挙句の果てにシンジケートとのつながりまで疑われ、自ら噂の勢いをさらに煽《あお》るという結果に終わっている。

具体的な社名が出てくる都市伝説の数は少なくない。そして、噂の餌食《えじき》となった企業が正当な方法で対抗しようとすればするほど、虚構のほうの力が強まってしまう。噂に勝てる企業は存在しないのだ。

【リバース暗証番号】 アメリカ、ヨーロッパ、オセアニア

こんなメールを受け取ったことはありませんか？

ちょっとした耳寄り情報が手に入ったので、みんなにも教えておきますね。ＡＴＭの目の前で強盗に遭う確率が先進国で一番高いのがアメリカであることを知ってましたか？　実は、こうした被害を防ぐための裏技があるんです。

銃やナイフを突きつけられてＡＴＭから現金を下ろさなければならない時は、暗証番号の４ケタの数字を逆の順番、つまり３４１１だったら１１４３と打ち込んでください。

これはアメリカ全土の銀行やコンビニのすべてのＡＴＭに搭載されているシステムで、キャッシュカードに登録されている４ケタの数字が逆に打ち込まれると、最寄りの警察署

から一番近くにいるパトカーに無線が入って、強盗に知られずに危険を知らせることができるようになっています。導入前の実験では、警官が現場に到着するまでの平均時間は1分でした。

ついこの間やっていたテレビ番組でも特集をやっていました。使われる頻度が低いのは、圧倒的大多数の人々がシステムの存在さえ知らないからです。でも、このシステムを知っていればお金を取られることもないし、命が助かる確率も格段に上がるにちがいありません。一人でも多くの人に知ってほしかったので、このメールをお送りしました。このままの文面で、できるだけ多くの人に回してください。

〝ザ・チェーンメール〟とでも言うべき締めくくりで終わるこのメール、２００６年にものすごい勢いで出回った。そしてメールと同時に、口伝えという方法での流行も見られた。

全米ネットのトークショーでメールと噂が両方取り上げられ、翌年にはイギリスにも渡ったようだが、イギリスでは半年くらいで立ち消えてしまった。そして筆者は、２００９年12月にも次のようなメールを受け取った。

最初にことわっておきますが、これはいたずら目的や面白半分のチェーンメールではありません。必ず最後まで読んでください。アメリカでは、ATMでお金を下ろしている時に強盗に遭うという事件が多発しています。銃やナイフを突きつけられても、抵抗したり、逆らったりしてはいけません。

こんな状況に陥《おちい》ったら、カードの暗証番号4ケタを逆に打ち込んでください。番号が逆に打ち込まれた瞬間、現金は出てきます。しかし、これと同時に最寄りの警察署に緊急事態を知らせるメッセージが届き、警官がすぐに出動してくれます。もちろん強盗には気づかれません。アメリカ国内ならどんなATMにもこの機能がついていますが、知っている人はまだ少ないのです。できるだけ多くの人に知らせてください。

噂があまりにもしつこく、しぶとかったためか、2009年に全米クレジットカード協会が連邦取引委員会に対して、一連のチェーンメールに対する正式かつ徹底的な調査を依頼した。そして2010年、同委員会が調査の最終報告書をまとめた。以下に紹介するのは、そのごく一部だ。

当委員会が直接的な形で意見聴取したアメリカ国内の各銀行では、こうしたテクノロジーを搭載したＡＴＭが実用化されている事実は確認できなかった。ＡＴＭの大手メーカーであるディボールド社は、緊急暗証番号機能を搭載した機械を開発したり、実際に販売したりした記録は一切残されていないという公式コメントを出している。

しかし、触れておくべき事実がひとつある。シカゴの発明家ジョゼフ・シンガーが、１９９４年にこの逆暗証番号によく似たアイデアのシステムを考え出し、１９９８年に特許を受けた。しかもシンガーの目的は、ＡＴＭで起きる強盗事件の防止策となるシステムの構築だった。チェーンメールで語られている内容とまったく変わらない。

〝セイフティーＰＩＮシステム〟という名前も商標登録が済んでいて、ＡＴＭ強盗対策の決定打となるかと思われたが、意外に雑な弱点が明らかになる。なんと、１３３１とか４７７４といった逆さにしても同じ並びになる数字の問題が最後まで解決されなかったため、結局はボツとなった。

その後、意図的にチェーンメールを流したのは、なかなか実用化されないアイデアを不特定多数に売り込もうとした製作者サイドの人間だったという話が都市伝説化した。ジョゼフ・シンガー本人も疑いをかけられたが、もちろん濡《ぬ》れ衣《ぎぬ》だ。

オリジナルバージョンとなったチェーンメールの発信源はもちろんわからない。そしてこの話、今では都市伝説として定番化しつつある。

第2章

トラディショナル都市伝説のその後

【遊園地の人さらい】アメリカ、ヨーロッパ、アジア

こんな話を聞いたことがありませんか？

ある年の夏休み。４人家族が東京デ○○○ーラ○ドへ遊びに行った。息子がおしっこに行きたいというので、両親は一人で近くのトイレに行かせた。だが、いつまで経っても帰ってこない。心配した父親が中に入って捜しても見つからなかったので、娘も一緒に３人であちこちを1時間以上捜した。それでも見つからないので案内所へ行き、園内を徹底的に捜索してもらうことにした。上司と相談した係員は、すべての出口を封鎖していくつかのグループを作り、園内をくまなく捜してくれた。母親は、一番大きな出口のそばに立ち、集中して人の流れを見続けた。

しばらくして、中東風の民族衣装を着た外国人観光客のグループが母親の前を通り過ぎた。ふと見ると、集団の真ん中あたりに、頭からローブをかぶせられ、体を両側から抱きかかえられている子どもがいる。何気なくその子が履いている靴を見た母親は、そのまま動けなくなってしまった。ぐったりとした男の子が履いているのは、数日前に息子に買っ

てやったのとまったく同じものだった。思わずその子に駆け寄った母親は、ローブを引き剝がした。すると、そこには髪の毛を金色のスプレーで染められ、カラーコンタクトを入れられたわが子の姿があった。

1997年、筆者はこの話を40～60歳の複数の女性から1カ月くらいの間に立て続けに聞いた。いずれも〝友だちの友だち〟が実際に体験した話だということだった。実はこの話、筆者はすでによく知っていた。その10年以上前にもまったく同じストーリーをアメリカのオレゴン州で聞いていたからだ。こんな話だ。

これは本当に起きた話。家族と一緒にカーニバルに遊びに来ていた7歳の男の子がちょっと目を離した隙《すき》にいなくなってしまった。どこを捜しても見つからないので、母親が警備員に事情を話し、一緒に捜してもらうことにしたが、まったく見つからない。

警備員は地元の警察に連絡してから会場を封鎖して人の出入りを止め、大人数での捜索が始まった。父親と母親が会場を歩いていると、少し離れた場所から「逮捕しろ！」と怒鳴る声が聞こえてきた。

その場に走って行って、人だかりをかき分けながら中を見ると、メキシコ系の男性二人が両手を頭の後ろに回してひざまずいていた。警官に拳銃を突きつけられている。

男たちのすぐ横には大きな麻袋があって、そこから子どもの足がのぞいていた。母親は、思わず驚きの声を上げた。子どもは、自分が3日前に息子に買ってやったのと同じナイキのスニーカーを履いていたのだ。慌てて袋の中を見ると、息子がぐったりしていた。


二つ目の話は、オレゴン州内にある町のカーニバルで実際に起きた事件として語られていたものだが、後に詳しく調べると、同じ展開で進む話がカリフォルニアにもフロリダにもあることがわかった。そして1997年の日本でも、実際に起きた事件として語られていたわけだ。

日本で起きたとされる事件を検証する方法として、筆者に話をしてくれた人↓その人に話をした人↓さらにその人に話をした人というように、話が伝わった過程を逆に辿《たど》っていってみたが、いつまで経っても、事件の当事者である〝友だちの友だち〟に行きつくことはなかった。

同時に、アメリカでの広がりを確認するために掲示板を通じて情報を集めたところ、アメリカ国内の超有名遊園地ばかりではなく、スペインやイタリアでも、遊園地で起きたとされているまったく同じ内容の話が知られている事実がわかった。

筆者はその後もこの話をウォッチし続けているが、2012年4月、イスラエルのテレビ局が、この噂をニュースとして取り上げた。事件を事実ととらえ、視聴者の注意を喚起しようと思ったのだろう。しかもこの番組には、フロリダ州にある超有名なテーマパークで行方不明になった9歳の女の子の父親という男性が出演し、こう証言した。「あの子はトイレの中で髪の毛を剃《そ》られ、薬を飲まされ、服も着替えさせられていたのです」

筆者はこの番組のビデオを必死になって探しているが、1年半以上経った今もまだ手に入っていない。ちなみに、放送直後にこの番組のプロデューサーと担当ディレクターがクビになったという話も伝わっている。

伝える情報の信ぴょう性には細心の注意を払うはずのマスコミ業界の人間の中にも、いまだにビリーバーがいるようだ。

【日焼けマシン】　アメリカ、ヨーロッパ、オセアニア、アジア

こんな話を聞いたことがありませんか？

友だちの友だちが、結婚することになった。若い女の子だから、式には日焼けした健康的な姿で出たいと思ったらしい。肌が少し焼けているほうが、真っ白なウェディングドレスも映える。そこで、日焼けサロンに行くことにした。

サロンの店員は、安全のために1日30分しかマシンを使えないことを伝えた。とりあえず30分だけ使ってみたが、全然焼けていない。そこで彼女は、別の店に行くことにした。この店でも、マシンは30分までしか使えませんと言われた。そこでも30分マシンを使ったが、まだ満足できない。結局日焼けサロンを4つ回って、2時間も使ってしまった。

彼女は、1週間毎日4つの日焼けサロンを回った。肌が赤くなってきたが、色が落ち着けばちょうど結婚式に間に合うと思っていた。

そして、結婚式の前の日。自分のベッドの上で死んでいる彼女が見つかった。警察が来て、司法解剖が行われた結果、内臓が火傷《やけど》を負ったような状態になっていたらしい。使っ

ていた日焼けマシンが強力すぎて、肌だけではなく、内臓を焼いてしまったということだった。

このバージョンは2005年に噂されていたものだが、原話バージョンが生まれたのは1987年で、その後急速に広がり、かなり多くの人が知る話になった。1987年9月には、アメリカ全土の地方紙に掲載されている人生相談コラム『ディア・アビー』に、次のような内容の投書が寄せられた。

ユタ州に住んでいる娘が、とても恐ろしい話を聞いて手紙を送ってくれました。あなたに知らせれば、同じような被害に遭う人が少なくなると思い、筆を取った次第です。

プロボという街でチアリーダーをしている17歳の女子高生が、ハワイ旅行に行くことになったそうです。この子は旅行前からきれいに肌を焼いておきたいと思い、日焼けサロンに通うことにしました。お店の人に訊《たず》ねると、マシンを使えるのは最大で1日30分ということでした。最新型なので、パワーがあるのです。ところが、一刻も早くきれいに焼きたかった彼女は、日焼けサロンをはしごしました。

結局、毎日7軒の店で30分ずつ、合計3時間半もマシンの中に入っていたことになります。娘の話では、この子は今、ユタバレー病院に入院しているそうです。医師の話によれば、内臓がひどく損傷し、目も見えなくなっていて、余命は26日だそうです。あまりにも長い時間マシンに入っていたため、内臓が電子レンジでチンしたような状態になり、生焼けになってしまったそうです。治療法はないということです。

日焼けマシンを使いすぎた女の子という意味で〝ブラウンベティ〟と呼ばれるようになったこの話、筆者が直接聞いたバージョンは以下のような内容だった。1998年、シカゴで行われたブックエクスポ・アメリカという書籍見本市で知り合ったとある大学系出版社に勤める女性から聞いた話だ。

私がまだUCLAの学生だった頃、ほとんどの学生が知っていた話があります。ソロリティ（女子学生クラブ）のメンバーが不慮の事故で亡くなったというのです。この子は早く日焼けしたくて、キャンパスの近くにある日焼けサロンに通い詰め、日焼けマシンを1日に何時間も使った結果、内臓が〝遠赤外線効果〟みたいな感じで焼き上がってしまい、

2週間くらいで亡くなったそうです。ルームメイトも、彼女の息が日に日に臭くなっていくことを感じていましたが、気にすると思ってあえて言いませんでした。口臭は、ダメージを受けた内臓が腐っていく臭いだったんです。

ちなみに、筆者にこの話をしてくれた女性はユタ州出身だったので、87年バージョンを話してみた。すると、夏休みや年末に実家に帰る時、何度となく似たような話は聞いたことがあったという。UCLAのキャンパスで噂を初めて聞いたときも、どこかで聞いた話だと思ったようだ。

そしてブラウンベティは、日本にも渡ってきた。2000年頃、新宿や渋谷で街頭インタビューをすると、〝日サロで焼きすぎて内臓がレアステーキ状態になって死んじゃった友だちの友だち〟の話を聞くことが多かった。

日焼けマシンの紫外線で内臓に損傷が起きるという状態は、科学的にありえない。紫外線の性質は、電子レンジで使われるマイクロ波とはまったく違う。しかし、都市伝説ではインパクトと面白さばかりが先行するので、科学的事実や理に適《かな》った要素は必ずと言っていいほど無視される。

【消えた花嫁】フランス、スペイン、アメリカ、台湾、日本

こんな話を聞いたことがありませんか？

とある日本人カップルが、ハネムーンでフランスに行った。パリに着くと、新妻は次から次へとブティックを回り、さまざまなブランドの最新作を買い込んだ。何軒目かのブティックに入った彼女は、店内にディスプレイされていたドレスを試着したいと言い、夫はソファーに座って待っていた。

ところが、かなり経っても妻が出てこない。店員に頼んで中の様子を見てもらったが、試着室を見に行った店員は「試着室にお客様は一人もいらっしゃいません」と言う。夫は、店員が冗談を言っているか、何かのまちがいだと思い、そのまま待つことにした。

だが、いつまで経っても妻は戻ってこない。さすがに心配になった夫は、もしかしたら先にホテルに帰ってしまったのかもしれないと思い、泊まっているホテルに戻った。ところが、妻はまだ戻っていなかった。そこで警察や病院、そして姿が消えたブティックにもう一度電話を入れたが、足取りはあのブティックで途切れていた。夫は街に出て自分の足

であちこち捜し、食事も取らずに翌朝まで眠らなかった。警察も大規模な捜査を行ったが、一月経過しても何の手がかりもない。夫は、仕方なく一人で帰国した。

それから2年後のある日。フィリピン旅行から帰って来たばかりの友人から電話がかかってきた。話を聞くと、パリでいなくなってしまった妻をマニラで見かけたという。「どこで会ったんだ?」と訊ねると、友人は言いにくそうに、怪しげな店であることを告げた。「何でそんな店に?」とたたみかけると、友人はこう答えた。「その店は……、その、ちょっと変わった店でさ……。両手両足を切られて、男にレイプされるショーに出てたんだよ……」


聞き飽きたよ、という声が聞こえてくる気がするが、この話のビリーバーは根強く存在している。その証拠に、ここで語られている以降についてのバージョンが2010年あたりから広がっている。

主人公はアメリカ人カップルで、やはり新婚旅行でパリに行き、ブティックに入った妻が試着室で姿を消し、どうしても見つからないので、夫一人で帰国して何年か経過し、たまたまフィリピンに行った友だちがいかがわしい店でそれらしい女性を見るところまでまったく同じだ。

友だちから話を聞いた2年後、彼はフィリピンを訪れた。そんなバカなことがあるわけないと思いながら毎日を悶々《もんもん》として過ごしていたが、とうとう我慢できなくなり、確かめるためにフィリピンに来てしまったのだ。

マニラ市内を徹底的に探したが、友だちが話していたような店は見つからなかった。そこで、少し範囲を広げることにした。フィリピンに着いて3週間後、マニラのすぐ近くにある町でカーニバルが開かれていた。多くの人が集まるので、何か情報を得られるかもしれないと思った彼は、行ってみることにした。

会場を歩いていると、見世物小屋があった。薄汚い布のテントで囲まれている。〝奇妙な館〟という看板が見えた。彼は、ちょっと入ってみようという気になった。

中では、言葉で表現できない姿の人たちが檻《おり》に入れられていた。思わず目をそむけたくなる光景に胸がむかむかするのを感じながら、彼は何とか最後の檻まで歩いて行った。

最後の檻には、〝ミミズ女〟という看板がかかっていた。中にいる女性には、腕も脚もない。顔全体が痛々しい傷で覆われていて、話せないようにするためか、上下の唇が縫《ぬ》い合わされている。

悲しそうな視線を向けてきた女性の顔を正面から見たとき、彼は叫び声を上げてその場に座り込んだ。額に、妻とまったく同じあざがあったのだ。


ひどい話だ。ポリティカル・コレクトネスのかけらもない。しかし、話が広がる理由はまさにそこにある。

女性がいなくなるというストーリーは、1969年に流行した〝オルレアンの噂〟という話が有名だ。フランスのオルレアン地方にある6軒のブティックを利用する若い女性が次々と行方不明になり、外国に売り飛ばされるという話がかなり広範囲で広がったことがある。

しかし、この話はユダヤ人経営のブティックの繁盛をねたんだ誰かが意図的に流したものであることが明らかになった。元祖ヘイトクライムだ。

その後、人身売買や売春という部分が膨らみ、映画館のシートに麻酔薬を塗った針を仕込んでおき、そこに座った女性を連れ去るという話が流行したこともある。いずれにせよ、こういう話は、内容がひどければひどいほど流行の速度が増す。

【ペットをレンジでチン】　アメリカ、ヨーロッパ

こんな話を聞いたことがありませんか？

一人暮らしの猫好きのおばあさんがいた。たくさんの猫の面倒を見ているので、毎日3匹くらいずつお風呂に入れていた。1匹ずつていねいに洗ってからタオルで体を拭いていたが、手作業なので時間がかかる。早く乾かさないと、他のことができない。ドライヤーを使ったが、猫は音と熱を嫌がって逃げてしまう。

なんとか捕まえて再びタオルで体を拭き始めたおばあさんは、素晴らしいアイデアを思いついた。前に、電子レンジでタオルを乾かしたことがある。猫でもやってみようかしら。そこで、まだ濡れている猫をキッチンに連れて行って電子レンジに入れ、スタートボタンを押した。

とりあえずタイマーを5分にセットして中を見ていると、最初はじっと座っていた猫が2分を過ぎたあたりからそわそわしはじめた。3分経ったときには、中を行ったり来たりし、4分経過したときには、前脚を扉にかけながら、何とも言えない鳴き声を上げはじめ

た。

ただ事ではないと思ったおばあさんが扉を開けようと手をかけた瞬間、前脚を扉にかけたままの体勢で、〝ボンッ！〟という音とともに猫が爆発した。

この原稿を書いているのは2013年の年末だ。年末になると、昼間から懐かしい映画をやっている。今日は『グレムリン』。グレムリンが電子レンジに押し込まれ、スイッチを入れられて爆発する場面が出てきたとき、〝ペットをレンジでチン〟の話を思い出した。最初のバージョンが出てから40年以上語られ続けているこの話は、動物を愛する人たちなら許せないかもしれない。でも、本気で怒るべきではない。だって都市伝説なんだから。主人公のおばあさんも猫好きなところが、残酷なラストを際立たせている。こんなバージョンもある。

友だちの友だちのおばあちゃんが、ちょっとボケ始めた。ある日、おばあちゃんは可愛がっているミニチュアプードルのピエールをお風呂に入れた。そして、タオルで拭こうとしているときに電話が鳴った。かけてきたのは娘、つまり友だちの友だちのお母さんだった。その日はお昼ご飯を一緒に食べることになっていたのに、約束の時間を30分過ぎても来ないことを心配したからかけたという。

おばあちゃんは思い出した。確かにそうだったわ。「できる限り早く行くから待っててね。ごめんなさい」と謝って電話を切った。

ピエールのところに戻ってタオルで体を拭きながら、おばあちゃんは素晴らしいアイデアを思いついた。電子レンジを使ったら、もっとずっと早く乾くに違いない。おばあちゃんはさっそくピエールを抱いて電子レンジの中にいれ、なぜか解凍ボタンを選んでスイッチを入れた。

そして30秒後、おばあちゃんがコートを取りに行こうとしてキッチンを出ると、何かが爆発するような鈍い音が響いた。慌ててキッチンに戻ると、電子レンジの中で〝ピエールだったもの〟がぐちゃぐちゃになって飛び散っていた。

このバージョンは、いかにも都市伝説という響きで始まる。友だちの友だちのおばあちゃんと何回も断るあたり、確信犯的だ。

まあ、語られている通りの展開で起きた事件が絶対にないとは言えない。アメリカのレイセオン社が電子レンジの初号機を開発したのは1947年。以来、濡れたペットを入れて乾かそうとした人も一人や二人はいただろう。しかし、語られている通りの展開で起きた事件を特定することはできない。だからこそ、都市伝説という曖昧《あいまい》な伝承として長い間語り継がれている。その曖昧さは、〝友だちの友だち〟という人物のイメージともオーバーラップする。

話の特徴をまとめておこう。犠牲《ぎせい》になるのは、小型犬か猫のどちらかだ。そして、主人公になるのは100パーセント動物好きなおばあさんだ。おじいさんバージョンは聞いたことがない。ペットが濡れるくだりは、お風呂に入れるというパターンが圧倒的に多いが、ごくたまに散歩中に雨に降られたという設定の話もある。

1980年代半ばには、最新式のドライヤーでペットを乾かそうとしたり、コインランドリーのドライヤーにペットを放り込んだりという展開の派生バージョンが生まれたが、話の流れのどこかに無理があったのか、いつの間にか語られなくなった。残ったのは、独特の曖昧さが特徴のオリジナルバージョンだけだ。この曖昧さこそが、すべての都市伝説の生命線なのかもしれない。

【腎臓ドロボー】　アメリカ、日本

こんな話を聞いたことはありませんか？

オクラホマ州に住む会社員4人組が、業界の会合でニューヨークに行った。会合が終わって、とあるバーに入って飲んでいたとき、グループの一人がナンパに成功した。仲間が座っているテーブルに戻ってきた彼は、こう言った。「あそこに座ってる可愛い子と知り合いになった。誘われたから、部屋まで送ってくるよ。悪いが、ここからは別行動で頼む。後で電話入れるから」

ホテルに電話がかかってきたのは、翌日の昼だった。でも声が異常に弱く、まるで重病人のような響きだった。「○○ホテルの○○号室にいるんだが、どうしても体を動かせない…。頼む…。迎えに来てくれ……」

3人は急いでタクシーをつかまえ、知らされたホテルに行って部屋に入ると、血まみれになったシーツの上で仲間が寝ていた。目の焦点も定まらず、かろうじて呼吸している。3人で起き上がらせると、背中に大きな切り傷がある。不思議なのは、その傷がきれいに縫い合わせてあったことだ。急いで病院に連れて行き、傷を見てもらうと、医師は驚いた表情でこう言った。

「この傷は、手術痕です。かなり腕のいい外科医が執刀したのではないでしょうか。レントゲンで確認しましたが、背中が切られ、腎臓が取り出された後、きれいに縫合されています」

バーで会った女の子は罠《わな》だった。どこかのホテルに連れ込まれ、そこで薬でも飲まされたにちがいない。そして、一流外科医のような見事な手際で手術を施され――もしかしたら、本物の外科医が関わっていたのかもしれない――腎臓を取り出されてしまった。腎臓は、臓器専門のブラックマーケットで売買された可能性がある。

この話、1990年代半ばのアメリカでさかんに噂されていた。最初は出張が多いビジネスマンの間で広まる〝業界都市伝説〟のような趣《おもむき》の話だったが、1年後にはアメリカ全土でチェーンメール化した。

オチが臓器売買のブラックマーケットがらみであることから、国際的な犯罪組織の関連を強く印象付けるバージョン、あるいは大学生の4人組を主人公にしたバージョンなどが次々と生まれた。

やがてニューヨークだけではなく、ロサンゼルスやサンフランシスコ、あるいはシカゴといった大都市が話の舞台とされるようになり、さらにはラスベガスやマイアミといった有名なリゾート地を舞台にするバージョンも広まった。この過程で、1年を通して世界中から観光客が多く訪れるハワイを舞台にした話も生まれている。

さまざまなバージョンを調べていくうちに、面白い事実を知った。1997年1月、ルイジアナ州ニューオーリンズでこの噂が爆発的に流行した。「ニューオーリンズへ旅行する人への警告」というチェーンメールが大量に出回り、市警当局の電話回線はあまりにも多くの問い合わせで機能しなくなってしまったという。

事態を重く見た市警当局は、公式コメントを発表して噂の鎮静化を図った。同時に徹底的な捜査が行われたが、もちろん実際の事件も被害者の存在も確認できないまま終わっている。

ところが、ニューオーリンズでの大流行の直前、テキサス州ヒューストンでまったく同じ現象が起こっていた。さらにその前はネバダ州ラスベガスでも同じことが起きていた。もちろん、どの都市でもこんな事件が起きたという事実は確認されていない。

もうひとつ具体的なデータがある。アメリカ国立腎臓基金という団体が、これまで何回にもわたって、噂で語られている通りの事件の被害者となった人がいるのなら名乗り出るよう働きかける広告をさまざまな媒体に掲載してきた。しかし、名乗り出てきた被害者は一人もいない。さらには、ユナイテッド・ネットワーク・フォー・オーガン・シェアリングという臓器移植手術をスムーズに進める運動をしている団体のスポークスマンか、次のように語っている。

「噂で語られているような事件がアメリカ国内で実際に起きていることを示唆する証拠はまったくありません。腎臓ドロボーの話を信じてしまう人は、おそらくいなくならないでしょう。でも、臓器移植の最前線にいる私たちから見れば、起きるわけがない話です」

こうした確固たる事実にもかかわらず、ほかの多くの都市伝説と同じく、腎臓ドロボーの話は今も広がり続けている。

火のないところに立つ煙。都市伝説という煙は、どんなに火が小さくても、いや、火がまったくなくても、濃く明らかに映ることがある。

第3章

ホラーな都市伝説

【ピエロの人形】

こんな話を聞いたことがありませんか？

アメリカ

アメリカ国内でも豪邸が多いカリフォルニア州オレンジ郡の、ニューポートビーチにある大金持ちの家で実際に起きた話。ものすごく広くて部屋数が多いこの家には、夫婦と子どもが3人の、5人家族が住んでいた。

ある夜、夫妻がクラシックのコンサートに出かけることになった。ベビーシッターのバイトを頼まれた女の子は、子どもたちが寝たらリビングでテレビを見ながら帰りを待ってほしいと言われた。

夫妻が出かけた後、ベビーシッターは子どもたちを寝かしつけて、言われた通りにリビングでテレビを見始めた。でも、部屋の隅に飾ってある大きなピエロの人形が気になって仕方がない。無視してテレビに集中していたが、どうしても我慢できなくなった。

そのまま帰ってしまうわけにはいかないので、父親に電話をかけ、こう言った。「子どもたちはみんな寝ました。それで、リビング以外の部屋に入ってもいいですか？　あの大きなピエロの人形が気になって仕方ないんです……」

するると、父親がものすごく真面目な響きの声でこう答えた。「すぐに子どもたちを起こして、一緒に隣の家に行きなさい。そして警察を呼ぶんだ」

女の子はわけがわからず、ただ何回も尋ねるばかりだった。

「え？　どうしてですか？　何があったんですか？」

父親は強い口調で言い続けた。「とにかく子どもたちと隣の家に行って、警察に電話を入れなさい。そうしたら、もう一度かけてほしい」

彼女は子どもたちを起こし、一緒に隣の家に行って、警察に電話した。そして言われた通り父親にも電話をかけた。「それで、どうしたんですか？」

父親は答えた。「うちにはピエロの人形なんかないんだ。ちかごろ、子どもたちが〝寝てるとピエロが見てる〟と言っていた。何のことかわからなかったし、怖い夢でも見たのだろうと思っていた。でも、君が電話をかけてきてくれて、子どもたちが本当のことを言っていたことがわかった」

そして警察官が到着し、家の中を徹底的に調べ、ピエロの人形が本物の人間だったことがわかった。都市部から流れ着いたホームレスが、方法はわからないが家の中に忍び込み、どこかで手に入れたピエロの衣装を着て人形に化け、数週間も住み続けていたらしい。部屋の数が多いので、隠れ場所には困らない。家族が寝静まった後にキッチンで食糧も調達できるし、夫婦もそれぞれ仕事に行ってしまうので、子どもたちが学校から帰ってくるまで家には誰もいなかった。

ピエロ男も、夫妻が出かけることは知っていたはずだ。しかし、どこかに隠れようとしていた寸前にベビーシッターがリビングに入ってきたので、固まってじっと動かないままでいたら、彼女はそのままテレビを見始めてしまったというのが真相だった。

恐怖の種類から言えば、この章で紹介している〝窓辺の殺人者〟と似ているかもしれない。また、ベビーシッター系都市伝説の王道を行く話という響きもある。バリエーションとして、次のような話もある。

子どもたちを寝かしつけた後、ベビーシッターが寝室に何回か確認しに行った。そのたびに、部屋に飾られている大きなピエロの人形が怖いな、と思っていた。そして、子どもたちの父親から電話がかかってきたときにそれを話すと、「うちにそんな人形はない」と言われた。さらに、「すぐに帰るから、まず警察に電話しなさい」と指示された。〝ピエロの人形〟は、同じ地域に住む性犯罪常習者で、ベビーシッターが寝るのを待って襲おうとしていたのだ。

〝ピエロの人形〟の話がネット上に出現したのは2004年の夏ごろだった。冒頭で紹介した話の舞台となっているカリフォルニア州ニューポートビーチは、全米に知られた高級住宅街だ。華やかな高級住宅街で起きたダークな事件という対比が話としての面白さを高めているわけだが、筆者としてはもうひとつ指摘しておきたい要素がある。

2003年、『The OC』という大ヒットドラマが生まれた。カリフォルニア州オレンジ郡（OC）に住むセレブな高校生の生活を描いたドラマなのだが、舞台がずばりニューポートビーチの高級住宅地なのだ。2007年まで4シーズン続き、2000年代のアメリカで最も成功したドラマと言われている。

浸透しやすいイメージに、まったく関係のないストーリーがかぶせられ、語られていくというパターンの都市伝説がある。『The OC』の大ヒットと〝ピエロの人形〟の流行は、まさにそうした関係にあると言えるだろう。

【ブラディー・メアリー】　アメリカ

こんな話を聞いたことがありませんか？

友だち5人でキャサリンの家でお泊まり会をしたときのことです。怖い話をしようということになり、「ブラディー・メアリー」をしようと言った女の子がいました。みんなで真っ暗にした狭いバスルームに入って、20回くらい「ブラディー・メアリー」と言い（名前を唱えたと言ったほうが近いかも）、何かが出てくるのを待ちました。すると、暗闇の中に人の姿が現れました。最初はぼうっと緑色に光っているだけでしたが、徐々に頭から顔、体と手足の部分がわかるようになり、やがて表情もはっきりとしはじめました。もう怖くて怖くて、全員が叫び声を上げながらバスルームから転げ出て逃げました。私たちが見たのは、ブラディー・メアリーにちがいありません。

第1章で紹介した〝アイアム・テディー〟という名前のチェーンメールに出てくる話が、このブラディー・メアリーだ。ブラディー・メアリーは、ここで紹介されているストーリー通り、女の子たちがお泊まり会を始める年代（小学校中学年）に体験した話を振り返るという体で語られることが多い。そのため、話が広がるネットワークの中核はティーンエイジャーだ。もうひとバージョン紹介しておく。こちらは、２０１１年に筆者のもとに送られてきたチェーンメールだ。

9歳の頃、友だちの家で女の子だけ、11人でお泊まり会をしたときの話です。真夜中になり、〝メアリー・ワース〟をしようということになりました。このゲームを知らない子もいたので、知っている子が説明してくれました。

「メアリー・ワースは、とても可愛い女の子でした。自分の美しさをよくわかっていたメアリーは、毎日自分の部屋で長い時間鏡を見ていました。ある日彼女はひどい事故に遭ってしまい、命は助かったものの、醜い姿になってしまいました。鏡を見てショックを受けてはいけないということで、自分の姿も見られなくなってしまいました。

ところがある夜、メアリーは誘惑に負け、家族がみんな寝たのを確かめた後、大きな姿見がある部屋に忍び込みました。カバーを取って鏡を見たメアリーは、恐ろしいまでに醜い自分の姿を目の当たりにし、息が止まりそうになりました。死ぬほどの失望に打ちひしがれたメアリーは鏡の中に入り、鏡を覗き込む女の人すべてを自分のように醜い姿にすることを誓いました」

この話を聞いた後、私たちは部屋を真っ暗にしました。そして、部屋にあった大きな鏡を囲んで立ち、「メアリー・ワース、メアリー・ワース、私たちはあなたを信じる」と唱えたのです。

7回目を唱えたとたん、鏡の前に立っていた女の子がものすごい叫び声を上げ、顔を両手で押さえながら倒れました。驚いた私はすぐに電気を点け、倒れている子に駆け寄りました。

その子の顔は血だらけでした。顔を押さえている両手を外すと、その子の顔に深くえぐられたような爪あとが残されていました。

〝学校の怪談・アメリカン〟という感じがしなくもない展開のこの話は、スマートフォンを媒体としたテクスティングを通じて今も盛んにやりとりされている。ティーン向けに特化した都市伝説の掲示板もあり、こうした場で新しい話が生まれて勢いがついていく。

この話のオリジナルバージョンが生まれたのは、１９６０年代初頭だったとされている。文章という形で残されている最古のバージョンが確認されたのは１９７０年代に入ってからだ。ジャネット・ラングロワという民俗学者が、１９７８年にブラディー・メアリーについての考察を残している。

ブラディー・メアリーというキャラの原型に関しては、１００年前、黒魔術を行ったために処刑されたメアリーという名前の魔女だったとか、自動車事故に遭って二度とみられない姿になってしまい、それを苦に自殺した女性だったとか、さまざまな説があるが、これは話を受け容《い》れやすくするために後付けされた付帯的な要素と言えそうだ。

２００５年には、『アーバン・レジェンド：ブラディー・メアリー』というホラー映画が製作されている。アメリカの都市伝説で広まったキャラを主役としてフィーチャーした映画が作られることはあまりない。そしてこの映画が、噂の拡散速度を上げるのに一役買ったことは言うまでもない。

【ボーイフレンドの死】　アメリカ

こんな話を聞いたことがありませんか？

ある夜、若いカップルが街外れの道をドライブしていたときのこと。真夜中過ぎだというのに、ガス欠になってしまった。彼氏は慌てず車を停め、彼女にこう言った。「助けを呼んでくるから、ここで待ってて。心配しなくていいよ。ドアはきちんとロックしておいてね」

どのくらい経っただろうか。暗闇の中を歩いてくる人影が見える。車のすぐそばまで来たところで、知らない男であることがわかった。右手に何かを持っている。やがて男はフロントガラスに顔をおしつけ、中を覗き込んだ。両目が血走っている。恐怖でこわばった彼女と目が合うと、にやりと笑い、右手に持っていたものを彼女に見えるよう差し出した。それは、ボーイフレンドの首だった。

ドアがすべてロックされているのを確認した彼女は、運転席に移ってエンジンをかけようとした。しかしキーがない。

外を見ると、男がいかにも嬉しそうな笑顔を浮かべている。そして、ゆっくりと上げた左手に、車のキーが握られていた……。

ジャンル的には、怪談テイストを強く感じさせる話が多いキャンプファイアー・クラシクス（キャンプファイアーを囲んでする恐い話）に属する〝ボーイフレンドの死〟にもさまざまなバリエーションがある。そのままホラー映画の1シーンになりそうなこのバージョンは、すでに進化を遂げた形だ。より原話に近いと思われるバージョンも紹介しておく。

とある田舎町の高校生カップルが、ある夜彼氏の車で出かけた。誰もいない森の中で車を停め、二人は抱き合った。愛を交しあった後、彼氏がオシッコをしに外に出た。彼女のほうは車の中で待っていた。

そして5分後。彼氏の帰りがあまりに遅いので、彼女は外に出て捜し始めた。しばらく歩いていると、森の闇の中に人影が見えたような気がした。怖くなった彼女は車に戻り、エンジンをかけて逃げ出そうとしたとき、かすかな音が聞こえてきた。キュルルル……。

キュルルル……。何かをこするような音が、どこかから聞こえてくる。

息を止めたままこの音を聞いていた彼女は、さらに怖くなり、一人で逃げることにした。ところが、アクセルを踏み込んでも車が動かない。ルームミラーを見ると、ウィンドー越しに太いロープが見えた。誰かがバンパーにロープを巻きつけて、それを近くにある木に結び付けてしまったらしい。

女の子は、床に着くくらいアクセルを踏み込んだ。車が少しだけ動き、それと同時にものすごい悲鳴があたりに響き渡った。慌てて車の外に出て、バンパーに結んであるロープを目で追っていく。近くの木の幹には結ばれていない。太い枝の上を通って、車のすぐ上まで来ている。そしてロープの先には、粘着テープで口をふさがれ、首吊り状態になった彼が体をバタバタさせていた。

すぐに車に戻って元通りの位置に停めればよかったのだが、あまりの恐怖に彼女はどうすることもできず、そのまま彼が死ぬのを目の当たりにした。車の中で聞いた何かをこするような音は、彼氏が履いていたスニーカーが車の屋根をこする音だった。彼は、声も出せないまま、爪先立ちになって辛うじて屋根に立てるように吊るされていたのだ。

アメリカの田舎町に住むティーンエイジャーたちができることは、きわめて限られている。やることがないというイメージは田舎町と都会の差なく浸透しているので、話のシチュエーションにも無理がない。

〝ボーイフレンドの死〟は、〝鉤手《かぎて》の男〟という名のよく似た別の話から生まれたスピンオフと言えなくもない。

若い男の子がガールフレンドを車に乗せ、いちゃいちゃしようと思って人がいない場所に行き、ラジオで音楽を聞いていると、緊急ニュースが流れました。

強姦殺人で捕まっている凶悪犯が、近くの刑務所から逃げ出したというのです。この男は、右手が鉤手（キャプテンフックみたいな手）になっているということでした。二人は怖くなって、すぐに車を出して彼女の家に向かいました。彼女の家に着き、車を停めた彼氏は、助手席のドアを開けるために外に出ました。

そのとき彼は、手首のところからちぎれた鉤手が、ドアの取っ手にぶらさがっているのを見てしまいました。

歴史は、１９５０年代から語られている〝鉤手の男〟のほうが古い。〝ボーイフレンドの死は〟１９６０年代初めに生まれた話だ。そして、どちらもかなり長い間にわたり、ストーリー展開や小道具が変わらないまま語られている。まさに、ザ・定番アメリカンフォークロアだ。

【お泊り会の肝試し】　アメリカ、ヨーロッパ

こんな話を聞いたことがありませんか？

ニューヨーク州のとある街にある小学校に通う仲良し6人組の女子が、グループのメンバーであるジェニファーという子の家でお泊まり会をすることにした。みんなでテレビを見た後、寝ると見せかけてジェニファーのベッドルームに集まり、いろいろな話が始まった。

最初は男の子の話をしていたが、真夜中を過ぎた頃、誰が始めるともなくコワい話が始

まった。パティという子が、ジェニファーの家から少し行ったところにある街の共同墓地の話をした。前の週に、年老いた男性が亡くなっていたが、どうやら医師が死亡診断書を出すのが早すぎたようで、結果的に生き埋めになってしまったという。

パティが言うには、真夜中すぎに墓地に行って墓石の前に立ち、耳を澄ませると、男性が棺を内側から引っ掻く音が聞こえるらしい。話を聞いていたステイシーが口をはさんだ。「そんな話、信じらんない。どうせ作り話でしょ。ほんとなら、自分で行ってきてみて」

パティは引くに引けなくなってしまった。他の女の子たちも、「自分で行って確かめてきてよ」と言い始め、もう行くしかない空気になってしまった。

実際に墓地に行ったという証拠がなければならない。そこで、杭を男性の墓石の前に立ててきて、みんなが朝になってそれを確かめるということで決まった。

パティはみんなに見送られて墓地に歩いて行った。ジェニファーの家に残ったみんなは、パティがすぐに泣きながら帰って来ると思っていた。しかし、1時間経っても2時間経っても帰ってこない。最初は心配したが、きっとそのまま自分の家に帰ってしまったんだろうということになった。

そして翌朝。女の子たちはみんなで一緒に共同墓地に行ってみた。すると、生き埋めになったという男性の墓石の前に人が倒れている。近づいてみると、おばあさんのようだ。亡くなった男性の奥さんかと思って近づいてみると、着ている洋服に見覚えがある。それは、前の夜パティが着ていたのと同じだった。

〝その人〟の顔を見た女の子たちはその場に座り込んでしまうほど驚いた。確かにパティの面影はある。でも、何か恐ろしいものでも見たのか、言葉にできないような表情を浮かべたまま息絶えていた。髪の毛は真っ白だ。

足元を見ると、パティが着ていた長めのTシャツの裾が、墓石の前に立てた杭に引っかかっていた。後でわかったことだが、パティは墓石の前まで行って言われたとおりに杭を立て、帰ろうとしたとき、たまたまTシャツの裾を自分で立てた杭のどこかに引っかけてしまった。

それを「誰かに後ろから引っ張られた」と信じ込んでしまい、あまりの恐さにその場で息絶えてしまったのだ。

アメリカの都市伝説には、〝キャンプファイアークラシクス〟というカテゴリーがある。

キャンプファイアーを囲みながらする怖い話という意味だ。肝試《きもだめ》しが思わぬ悲劇を招いてしまったというこの話は、キャンプファイアークラシクスの代表格として長い間語り継がれている。

バリエーションとしては、バーで飲んでいた男性が賭けに負けて近くの墓地に行かされるパターンや、肝試しのお題として墓場にある座像の膝の上や〝悪魔の椅子〟に座ることが課されるパターンがある。座像が差し伸べている手の指先や、悪魔の椅子の背もたれの角にTシャツの裾が引っかかり、誰かに引っ張られたと思い込んで、恐怖のあまり息絶えるという展開の話もある。

この話、そもそもヨーロッパで生まれた原型がアメリカに渡って進化を続けてきたものらしい。だから、本当の意味での原話バージョンを探そうとすると、中世時代にまで遡《さかのぼ》らなければならない。

中世時代バージョンでの犠牲者は、マントをなびかせる騎士だ。馬に乗って墓地を駆け抜けて行こうとしていたら、とある墓石の飾りとして建てられていた銅像が持っている槍《やり》にマントが引っかかり、落馬して即死した騎士がいた。後で調べてみると、銅像が飾られていた墓に眠っていたのが死んだ騎士の祖先に殺された人物だった、というストーリーもある。

アメリカの都市伝説というと、そう古い時代の話はないと思いがちだが、中には何百年という単位で原話バージョンを遡ることができる話もある。

【窓辺の殺人者】アメリカ

こんな話を聞いたことがありませんか?

両親がパーティーに出かけたので、15歳の少女がまだ小さな妹と一緒に留守番をしていた。妹を9時半くらいに寝かせた後、リビングにあるリクライニングソファーに座って毛布をかけ、10時半までテレビを見た。その後シートを180度回転させて大きな窓に向け、雪が積もった庭を見ようと思った。

少し経つと、変なことに気づいた。知らない男が歩いてくる。そして窓のすぐそばに立ち、彼女をじっと見つめた。やがて、コートの内ポケットから何か光るものを取り出した。

　それがナイフだと思った彼女は、毛布を頭からかぶり、ソファーに座ったまま固まってしまった。

　窓ガラスが割れる音がすると思っていたが、何も起こらない。そのまま10分くらいじっとしていたが、何も起こらなかった。恐る恐る窓を見ると、もう男の姿はない。電話まで走って行って警察に通報すると、すぐに警官が来てくれた。

　警官は庭を徹底的に調べたが、積もった雪に足跡は残されていなかった。ところが、玄関からリビングルームに続く廊下に、大きな足跡がいくつも残っていたのだ。足跡は、少女が座っていたソファーのすぐ後ろで止まっていた。

　現場の状況を総合して考えると、男は、庭から歩いてきて窓の外側に立っていたのではなく、玄関から入り、廊下を歩いて少女のすぐ後ろまで来て、そこでナイフを取り出したのだ。窓の外にいると思ったのは、室内に立った男の姿が窓に反射したものだったのだ。

　この話は2013年7月あたりから一気に広がり、年末まで勢いがまったく衰えなかった。基本的にはベビーシッター系都市伝説に属するのだろうが、ひねりが効いたラストが特徴的だ。原話バージョンと思われる話は、２０００年に生まれていた。こんな話だ。

とある女の子が、冬のとても寒い夜に一人で留守番していたときの話。カウチに座って、大きなガラスのスライドドアのすぐ横に置いたテレビを見ていた。ふとスライドドアを見ると、背の高い男の人影がぼうっと浮かんだ。彼女はすぐに電話の子機を持って、近くにあった毛布にもぐりこんだ。そして、自分の姿を見られていないことを心の中で願いながら、警察に通報した。

警察官が来て、雪が積もった庭を調べたが、侵入者の足跡はまったく残されていなかった。足跡が発見されたのは、少女が座っていたカウチのすぐ後ろだった。「幸運としか言いようがありません」と警官は言った。「なぜですか？」と尋ねる少女に、警官はこう答えた。「男は庭ではなく、カウチの真後ろに立っていました。それがガラスに映っていたんでしょう」

少女は侵入者が外から入ってくると思い込んでいたが、実は家の中、すぐ背後にいたというあたりは、次のような話からの進化も感じさせる。やはりベビーシッター系の都市伝説だ。

とある女子高生が、ベビーシッターのアルバイトをすることにした。二階の子ども部屋で子どもたちを寝かしつけた後、リビングでテレビを見ていると、無言電話が何回もかかってくる。最初は間違いだろうと思っていたが、あまりにもしつこくかかってくるので、いたずらだと思った。何回目かにかかってきたとき、「何の用なの!?」と言うと、男の不気味な声がこう答えた。「俺には、お前の動きがよく見えてるぞ。子どもたちは大丈夫か？　一度二階を見に行ったほうがいいんじゃないか？」

男は、彼女の動きが見えるところから電話をかけている。怖くなったので警察に知らせ、逆探知してもらうことにした。外から見られているかもしれないのでカーテンも閉めきった。そうしておいて、男からの電話を待った。次にかかってきたら、話を引き延ばして逆探知に協力しなければならない。

やがて、電話がかかってきた。怖い気持ちをぐっと抑えてできるだけ話を長引かせ、我慢できなくなったところで電話を切ると、次の瞬間に警察から電話がかかってきた。受話器の向こうの声に、妙に焦ったような響きが感じられる。そして警官はこう言った。

「早く逃げなさい！　電話は家の中からかかってきています！」

この話が生まれ、口伝えで大流行したのは１９７０年代だった。冒頭で紹介したバージョンまで進化するのに40年かかったことになる。これだけの時間があれば、ラストにひねりが効きまくった話が生まれて当然なのかもしれない。

第4章

犯罪にまつわる都市伝説

【親切心につけこむ犯罪者】

アメリカ、オーストラリア、ヨーロッパ

こんな話を聞いたことがありませんか？

職場の同僚、ステファニーから聞いた話。モーリーのギャラリアショッピングセンターで働いてる彼女の友だちが、先週ちょっと怖い目に遭ったんだって。5時半に仕事が終わって駐車場に停めてある自分の車に歩いていくと、知らないおばあさんが車の横に立ってたんだって。そして、自分の車を見たら、運転席側の窓が割れてるの。

どうしたんですかっておばあさんに訊いたら、おばあさんは20分前からそこに立ってるって言ったんだって。「窓が割られてたから、何か盗まれたりしたらよくないのであなたが来るのを待ってたのよ」って言ったの。

本当にありがとうございましたってお礼を言ったら、おばあさんが困ったような顔をしたらしいの。どうしたんですかって訊いたら、バスに乗り遅れたって答えたんだって。

「送っていきます」と言っておばあさんをバックシートに乗せて、振り返ってもう一度お礼を言ったとき、彼女は、ちょっとおかしいなと思ったのね。おばあさんにしてはものすごく逞《たくま》しい手で、それに、毛も生えてたの。声もちょっと太すぎたから、男の人がおばあさんの格好をしていることは間違いないと思ったんだって。

彼女は、自分の前を走っている車にゆっくりとしたスピードでわざと追突して、大げさに「大丈夫ですか!?」と言いながら前の車に走って行って、その車を運転している人に事情を説明して助けてもらおうとしていたら、おばあさんが「ヤバい。ばれた」みたいな表情で車から出て、信じられない勢いで走って逃げていくのが見えたんだって。

その後警官が現場に来て、車のバックシートを調べたら、おばあさんが持ってたバッグがあったんだけど、その中を見たら、ものすごく太いロープとナイフが入ってたんだって。

これは、2010年の5月にパースで起きた本当の事件です。女性のみなさん、気をつけて！　そして、この話をできるだけ多くの人たちに知らせてください。

話の中でも触れられているとおり、これは2010年の夏ごろオーストラリアで流行していたチェーンメールだ。ただし、話がここに至るまでかなりのプロセスがある。2006年には、ダブリンを舞台にした次のような話がアイルランドで広がっていた。

俺の弟の彼女の友だちが体験した本当の出来事。ウォルコットモールで買い物をして駐車場に戻ってきたとき、窓が割られていた。そして、車のすぐそばにいかにも紳士という外見の男の人が立っていたらしい。

この男性は「窓が割られているのに気付いたので、中にある物が取られてはいけないと思い、見張っていた」と言った。そしてお礼を言う彼女に、男性はこう言った。「実は、ちょっとお願いしたいことがあるのです。大変申し訳ないのですが、家まで送っていただけないでしょうか？」

住所を聞くと、彼女の家とは正反対の方向だった。彼女はとても急いでいたので、精一杯の言葉で詫《わ》びた。「本当にごめんなさい。助けていただいたのにお返しできないなんて……」

仕方ない、という表情をしている男性をその場に残し、車を出すと、男性は一瞬「しまった」というような表情を見せた。そのときは特に何も思わず、そのまま走り去ったが、家に帰ってから後部座席を見ると、見慣れないブリーフケースがある。

大変だ。ひょっとしたら、あの人が家に送ってくれることを信じ込んで、すでに載せていたのかもしれない。

何か手がかりがあるかもしれないと思って中を調べると、サバイバルナイフと太いロープが入っていた。

2006年にはアイルランド、そして2010年にはオーストラリアでとてもよく似た話が語られていた。ここで紹介した二つの話は、1987年にアメリカで広がっていた話から派生したものだ。アメリカバージョンは、ロサンゼルスやサンフランシスコ、あるいはシアトルといった西海岸の大都市にある有名ショッピングモールで起きた実際の事件として広がっていた。

アメリカバージョンでは、女装しておばあさんに化けた男が警備員につかまり、持っていたバッグからナタが見つかるというオチで終わる。

非力そうなおばあさんや、いかにも人の良さそうな紳士が実は犯罪者だったというストーリー展開の振れ幅の大きさが面白がられて、アメリカとヨーロッパ、さらにはオーストラリアという広い地域での広がりにつながったのだろう。

【無言の乗客】 アメリカ、イギリス

こんな話を聞いたことがありませんか？

私はNYに住んでいます。この間、妹と同じ証券会社で働いているダニーという男性の友だち、クレイグが地下鉄で怖い目に遭ったそうです。2〜3週間前の夜、残業で遅くなったので時間は真夜中近く、会社に一番近い駅から地下鉄に乗りました。

ウィークデイでしかも真夜中近くの時間なので、車内はガラガラでした。少し離れたところに3人組が座っていました。男性二人が女性を両側から支えるようにしています。一緒の駅で乗った若い女の子が、この3人の前の席に座りましたが、すぐに立ってどこかに行ってしまいました。どうしたんだろうと思った彼は、理由がどうしても知りたくなって、わざと3人組の前の席に座りました。

目の前で男性二人に挟まれて座っている女性は、彼をじっと見つめていました。見ず知らずの女性と見つめ合うのもおかしいので、クレイグはスマートフォンをいじり始めました。そうしながらちらちら見て確かめましたが、前の席の女性はクレイグから視線を外し

ません。

やがて次の駅に着き、電車が停まりました。一番近いドアから若い黒人男性が乗ってきて、クレイグの隣に座りました。ラッパーのような派手な服装をしています。この男性も前に座っている女性が気になったようです。電車が再び動き出したとき、彼が耳元でそっと話しかけてきました。「驚かないで。落ち着いて聞いて。次の駅に着いたら、僕と一緒に降りてください」

何のことかわかりませんでしたが、口調に緊張感がみなぎっていました。地下鉄がスピードを落とすまで、かなり長く感じられました。そして二人はゆっくり立ち上がり、ドアまで歩いて行きました。ドアが開いたとたん、男性が目配せをして走り出したので、クレイグも後に付いて走りました。

ホームの柱の陰に隠れながら、二人は電車が発車するのを待ち、駅を離れていくのを見届けました。電車が完全にホームから離れたとき、男性は普通の大きさの声でこう言いました。

「ああ、よかった。怖がらせようと思ったんじゃないんです。でも、どうしても降りなきゃならなかった。僕はこういう者です」

彼はポケットから身分証明書を出し、ニューヨークの中心部にある大きな病院の外科医であることを伝えました。「気がつきませんでしたか？　目の前に座っていた女の子は死んでいて、両脇の男が倒れないように支えていたんです。僕は、電車に乗ってすぐに気がついたので、あなたの隣に座って話しかけるチャンスを見計らっていたんです」

クレイグはその場ですぐに警察に電話をかけ、一部始終を話しました。そして二つ先の駅に先回りした警官隊が車内に乗り込み、男性二人を逮捕したそうです。


都市伝説の特徴のひとつである意外性が、次々とたたみかけるように盛り込まれたテンポのよい話だ。深夜の地下鉄で若い女性の死体を運ぶ二人組というストーリーも、ラッパーのような外見の黒人外科医という要素も、かなりインパクトがある。ただ、舞台がNYということで、聞く人はひょっとしたらあるかもしれないと思ってしまう。

ここで紹介した話は2009年頃から語られていたもので、一連のバージョンの中でも意外性とギャップのバランスが最も良い、つまり最も面白い話だと思う。

オリジナルバージョンが生まれたのは、2002年頃だった。主人公は女子大生で、オクラホマとかネブラスカとか、アメリカではド田舎ということでコンセンサスが出来上がっている州の出身という設定になっている。

そしてこの女の子を助けて一緒に電車を降りるのは、派手な格好をしているのに実は医師である黒人男性（この部分のギャップはオリジナルバージョンから始まっていた）のほかに、東洋人のサラリーマン（身分を明かすくだりでホンダとかカワサキという名前が使われるパターンが多いので、日本人という含みの話が多い）、あるいは大学教授風の老紳士などのバリエーションがある。

2011年にはいると、体験者が留学生というパターンの話が生まれた。そして舞台もNYやシカゴ、そしてLAなどの地下鉄だけではなく、フィラデルフィアとかアトランタなどの大都市のちょっとあぶない地区を走る路線バスになっている話もある。

いずれにせよ、意外性とギャップ感に満ちた話なので、2000年代に生まれたニュークラシック都市伝説という位置づけで残っていくと思う。

【いつでも盗めるぜ】

アメリカ、イギリス、イタリア、フランス

こんな話を聞いたことがありませんか？

ファッション業界で成功したとある女性が、マンハッタンの超高級マンションのペントハウスに住んでいた。このマンションは、セキュリティーも万全のはずだった。しかしある日、悪夢のような出来事が起きた。

いつものようにマンションの前でタクシーを降り、いつものようにドアマンに挨拶して、自分専用のキーをエレベーターに差し込み、ＰＨと書かれたボタンを押す。ドアが開いて、自分だけしか足を踏み入れられないはずのフロアーに入ったところで、何かが違うことに気づいた。部屋のドアへ続く長い廊下に、バラが一輪置いてあった。すぐそばに封筒もある。開けて中を見ると、〝俺たちが何か盗もうと思ったら、いつでもできるんだぞ〟とだけ書かれた紙が入っていた。

何のことかわからないまま玄関のドアを開けると、リビングに置いてあったはずの大理石のテーブルの代わりにベッドが、そしてベッドルームに大理石のテーブルが置かれていた。さらに気味が悪かったのは、バスルームに男物のボクサーパンツが脱いだままの感じで残されていることだった。なくなっているものは何もない。ただ、誰かが部屋に勝手に入り、家具の配置を変えた後、なぜか穿《は》いていたパンツを脱いで置いて行ったことはまちがいない。彼女は、翌月このマンションから引っ越すことにした。

この話が語られるようになったのは２０００年代に入ってからだが、オリジナルバージョンらしき都市伝説がある。１９７０年代初頭から語られていた以下のような話だ。

ロサンゼルスに、ビジネスで成功した男性が住んでいた。彼の趣味はビンテージカーのコレクション。あるとき素晴らしい状態のクラシックモデルのコルベット・スティングレーを手に入れた。長い時間をかけてエンジンを調整し、内装も凝って、外装もぴかぴかに磨き上げ、運転できる状態にしてから自宅のガレージに置き、毎日眺めていた。

コルベットは近所でも評判になり、週末には多くの人が見に来るようになった。最初こそ自慢していたものの、やがて、盗まれるのではないかという心配のほうが大きくなってきた。人がいる時は必ず自分で見張りに立っているので安心だ。でも、毎晩ベッドに入ってからも、盗まれるかもしれないという心配が頭を離れることはなかった。

そこで彼は、近所のホームセンターに行って一番太い鎖と一番大きな錠を買ってきて、夜は車を毛布で何重にもぐるぐる巻きにし、その上に鎖をわたして4か所に錠をかけ、ガレージの扉にモーションセンサーの警報器を設置した。ここまでやれば盗まれることはないだろう。

それから何カ月か経ったある朝。最初から比べれば数は少なくなったが、週末は車を見に来る人たちがいるので準備はしておかなければならない。ガレージの警報器のスイッチを切り、4つある錠をひとつずつ外して、毛布を取り、ドアのカギを開けて車の中に入った。すると、ルームミラーのところに大きめのポストイットが貼ってあった。自分では覚えがまったくない。よく見ると、文字が書かれている。それは、車のオーナーである彼に対する手紙だった。

〝ずいぶん厳重に守ってるようだが、まったく無駄だ。この車、盗もうと思えばいつでも盗めるぞ〟

この話についての資料を集めていくうちに、『リーダーズ・ダイジェスト』誌の195

8年版特別号に次のような話が掲載されていることがわかった。

MIT（マサチューセッツ工科大学）の学生が夏休みで実家に帰ったとき、自分の車を学生寮の裏に停めておいた。夏休みの間も学校に残る学生もいる。こうした学生たちが集まっていたずらをしようということになった。

彼らは、寮の裏に停まっている車をその場で分解し、パーツに分けて持ち主の部屋に持ち込み、そこで組み立てた。

キャンパスに戻ってきた持ち主は、停めた場所に車がないので驚いた。そして部屋に入ったら、中に車があるのを見てもう一度驚いた。

まったく同じストーリー展開ではないものの、1970年代バージョンのテイストがそこはかとなく感じられはしないだろうか。本当の意味でのオリジナルバージョンは、この話かもしれない。長生きする都市伝説は、より信じられる話――ということは伝わりやすい話――となるために時代時代の特徴的な要素が盛り込まれる。この話、そういう意味ではわかりやすい進化を遂げたと言えるかもしれない。

【母さん、またね】　アメリカ、イギリス

こんな話を聞いたことがありませんか？

とある街のスーパーマーケットで起きた事件。若い男性が買い物をしているとき、ふと気がつくと、行くところ行くところ、おばあさんが後からついてくる。しばらく無視していたが、ちらちら見ると、今にも泣きだしそうな目で見つめてくる。あちこちの売り場を移動するが、おばあさんは常に一定の距離を保ちながら後をついてくる。痛ましげな視線もそのままだ。

買い物をカゴに詰めた男性は、長く伸びるレジの列に並んだ。ところが、運悪くさっきのおばあさんの真後ろに並んでしまった。持っているカゴは品物があふれそうになっている。重そうなカゴを持ったまま、おばあさんはまた悲しげな視線を向けてきた。いよいよ気まずい。

そしておばあさんは、とうとう口を開いた。「さっきからじろじろ見て、ごめんなさいね…。でもあなた、2週間前に亡くなった息子にそっくりなの…」

おばあさんは涙で声を詰まらせながら、彼がいかに息子に似ているか、自分が息子をいかに愛していたかを話し続けた。そして最後に、もう一度「あなた、本当にそっくりなの」と付け加えた。

やがておばあさんが、小声でこう言った。「あの……、かわいそうなおばあさんの頼みを聞いてくれないかしら？　私が出て行くとき、〝母さん、またね！〟って言って手を振ってくれたらすごく嬉しいんだけど……。もしやってくれたら、本当に感謝するわ」

とてもかわいそうに思った男性は、言う通りにしてあげることにした。レジで買い物を袋に詰めてもらったおばあさんは、出口のところで振り返り、目に涙をいっぱいためたまま、彼に向かって手を振った。彼も、精一杯の声で「母さん、またね！」と言いながら手を振って見せた。

自分に似た外見の息子を亡くしたばかりというおばあさんに出会った体験の不思議さと、善き行いの余韻《よいん》に浸りながら代金を払おうとしていると、レジ係の女性がとんでもない金額を告げた。どう考えても、自分が買った分の5倍はある。

「それは間違いでしょう。多すぎますよ。僕はこれだけしか買ってないんだから」と言いながら自分が買った品物を見せると、レジ係の女性はこう答えた。

「お母様は、あなたが全部まとめてお払いになるとおっしゃってましたけど……」

なかなかの落下高度のオチだ。このババアがあちこちのスーパーで悪さを働いている様子が目に浮かぶ。アメリカで〝グロサリー・スカム〟（食料品詐欺）と呼ばれているこの話は、シチュエーションと舞台を変えた別バージョンもある。

俺のルームメイトの友だちの友だちが、今年の春休みに体験した実際の話。そいつはアリゾナ州をヒッチハイクで旅行していて、ある日フェニックスで商談を終えてＬＡに帰るというぱりっとした身なりのビジネスマンが運転するＢＭＷに乗せてもらった。

途中で何か食べようということになって、ガソリンスタンドやレストラン、そしてモーテルが一か所にかたまって建っている場所に停まった。

先にレストランで食事を終えると、ビジネスマンがガソリンを入れてくると言って席を立った。そして、「外で私が手を振ったら出てきてくれ。そのとき代金を払うから」と言われた。「荷物も先に車に載せておいてあげよう」と言ってバックパックを運ぶビジネスマンを見送ったルームメイトの友だちの友だちは、言われた通り席で待っていた。

しばらくすると、ビジネスマンが外から手を振っているのが見えた。チェックを持ってレジまで歩いていく時にもう一度目が合うと、ビジネスマンはにやりと笑い、両手を上げて肩をすくめて見せ、ノートPCと財布が入ったバックパックを持ったまま車に乗ってそのまま走り去ってしまった。

乗っていた車もどこかで盗んだものだろうという余韻が残る。有名ディスカウントストアチェーンが実名で盛り込まれたり、被害者が女子大生や若いOLさんであったりするパターンの話もある。

言うまでもないが、伝えられている通りの展開の事件が起きたという事実はない。ましてやこういう被害に遭いましたという人が名乗り出たこともない。ただ、オチが面白いのでラジオやテレビで取り上げられることが多く、映画でも似たようなプロットを見たことがある。こうした媒体に乗ると、話は驚くほどの速さで広がる。

【カージャックに気をつけろ】

アメリカ、イギリス

こんな話を聞いたことがありませんか？

これは、娘の友だちが実際に体験したことです。彼女は、危うく巧妙な犯罪の被害者になるところでした。ウォルマートで買い物をして、駐車場に停めてある車まで歩いていく間に、遠くの方から自分を見つめている男性が二人いるのに気づきました。

ちょっと怪しいと思ったので、急いで車に乗り込んですべてのドアをしっかりロックし、エンジンをかけようとしていると、目の前に１００ドル札があるのが見えました。フロントガラスとワイパーの間に挟まれています。

そして彼女は、さっき見た男たちの姿、そして少し前に友だちから聞いた話を思い出しました。車を降りて外に出た途端に、後ろから忍び寄ってきた男が運転席に乗り込んでそのまま走り去ってしまうのです。もちろん、挟まれている札は偽物です。彼女はそのまま走り続け、家に帰りました。そして札を確かめると、やはり偽札でした。

この話は、2013年2月にとある都市伝説掲示板で見つけた書き込みだ。体験者本人が書き込むのでなく、こういう話を聞きました、という人が持ちネタを披露する場だ。

2013年の夏だったと思う。芸人さんを被害者に仕立て、日本国内で実際に起きた手口の犯罪を再現していく番組を見た。その中のエピソードで、この話ときわめて似た手口で車を盗む方法が紹介されていた。真似する人がいるといけないので、手口に関しては、あえて詳しくは触れない。

さて、冒頭で紹介した書き込みの5年前、2008年の年末には次のようなチェーンメールが流行していた。

タイトル：警察からの警告　これは冗談ではありません！！！

このメールは女性だけではなく、男性も必ず最後まで読んでください。駐車場に停めていた車を出すときに、リアウィンドウにステッカーのようなものが貼られていることがあります。邪魔なので剝がそうと思い、エンジンをかけたままの状態で外に出た瞬間、どこかに隠れていた悪い奴が車に乗り込み、そのまま走り去ってしまいます。そして、多くの被害者が自分の車に轢《ひ》かれることになります。

女性の場合、バッグは車の中に置いたままですよね？　だから車を盗まれた上、お金もとられ、住所も知られて家の鍵も持っていかれてしまうのです。被害は、車だけではありません。個人情報も含め、あなたのすべてが危険にさらされてしまいます。

〝ありそう〟な響きが否めない。しかし、まったく同じ手口で車を盗られたという被害は、これまで一件も報告されていない。そしてこの手のメールは、アメリカ国内では2004年頃から回され続けているようだ。文章では警察が警告を出したというニュアンスが強調されるが、そんな警察署は存在しない。

主流派マスコミにも、都市伝説に興味を持っている人間は少なくない。このメールを徹底的に調べたジャーナリストがいる。『ダラス・モーニング・ニュース』紙のスコット・ゴールドスタイン記者は、次のように語っている。

〝プレストン・ホロウ一帯で、新しいカージャックの手口に関するメールが広まっているようだ。このメールによれば、リアウィンドウにステッカーを貼っておいて、エンジンをかけたままでドライバーがそれを剝がしに外に出た瞬間、犯人が車に乗り込んでそのまま走り去るという。しかし私の調査では、同じメールが2004年からアメリカ全土で回されていることがわかった。

私がいくら嘘だと言ったところで、信じてくれない人もいるだろう。そこで、ダラス警察に問い合わせてみた。副署長のマリク・アジズ氏は「それは嘘だ」と即座に答えた。「ダラスでそんな事件は一件もない。同じようなメールが、去年テキサス州北西部で流行していた」〟

そして2013年も年末を迎えようという今、最新バージョンとして、警察署で作られた公式文書のコピー画像が添付されたメールが回っている。わざとらしい手書きで〝not a joke＝冗談ではない〟というただし書きも見えるようになっている。

繰り返し言うが、語られている通りの内容の事件が起きたことはない。少なくとも公式に確認されてはいない。しかし、アメリカあるいは日本で、この話を真似しようという人間が絶対にいないとは言い切れない。

そのあたりのあやうさがあるから、アメリカでも長い間チェーンメールとして回っているのだろう。そして、日本での流行が始まる日も意外に早く来るかもしれない。

第5章

事故にまつわる都市伝説

【エアバッグに殺される】　アメリカ、イギリス、アジア

こんな話を聞いたことがありませんか？

友だちの友だちが、オハイオ州の80号線を運転していたときのことです。とあるガソリンスタンドでトイレに入り、チュッパチャップスを買って口に含みながら戻りました。ところが、ポケットにあるはずのキーがありません。ふと車の中を見ると、抜いたはずのキーがイグニッションにささったままになっていました。

自分の使えなさにムカつきながら、スタンドの店員に20ドル渡し、開けてもらうことにしました。この店員はエアバッグ付きのドアのロックを開ける危険性を知っていたので、注意深く作業を進めましたが、友だちの友だちはまったく不注意でした。そして、もうすぐ開くというタイミングで、真上から窓を覗き込んでしまったのです。

次の瞬間、運転席のドアからエアバッグが猛烈な勢いで飛び出してきて、すぐそばに立っていた友だちの友だちの顔を直撃しました。

倒れた彼を助け起こそうとしたスタンドの店員は、腰を抜かしてその場に座り込んでし

まいました。口に含んでいたチュッパチャップスが喉を突き破り、後頭部から飛び出していたのです。友だちの友だちは、救急車が着く前に死んでしまったそうです。

アメリカの都市伝説で、〝フリーク・アクシデント〟（ありえない事故）というジャンルに属するこの話は、２００２年頃に出回っていたチェーンメールだ。

このメールが流行するひとつ前の段階として、１９９７年からよく見るようになった、次のようなチェーンメールも紹介しておく。

ＲＥ：車のロックアウトとエアバッグについて

現在、アメリカ各州の警察本部がエアバッグで起きる事故を防ぐための方策をメール配信しています。車の内部にキーを残したままドアをロックしてしまうことがあります。こうした場合、金属製のハンガーを伸ばしたり、薄い金属版の道具を使ったりする人が多いのですが、これは絶対にやめてください。

運転席側にも助手席側にもサイドエアバッグが装着されていることが多くて、ロックを解除しようとする振動で装置が作動してバッグが膨らみ、窓の隙間、上から差し込んだ針金や道具がものすごい勢いで押し戻され、大怪我をする恐れがあります。
実際、顎《あご》に刺さった針金が脳を貫通し、頭蓋骨を突き抜けた状態で亡くなった男性がいます。ロックアウトしてしまったときは自分でドアを開けようとせずに、専門の業者に依頼してください。

言うまでもないだろうが、こういう内容のメールを配信していた警察署は存在しない。カリフォルニア州内のいくつかの警察署の広報部に問い合わせてみたが、必ず「その話はチェーンメールなので信じないでください」と言われた。
紹介の順番が逆になってしまったが、この話は1997年から2002年にかけて進化を遂げた。そして2004年に入ると、より具体的な要素を盛り込みながら進化を遂げたバージョンが出現した。

アルバカーキーで、奇妙な死亡事故が起きた。犠牲となったのは、地元の高校に通う男子学生。学校帰りにガールフレンドを車で送り届けた帰り、道に停まっていた車にぶつけ、命を落としてしまった。しかし、事故後の現場検証の結果、スピードはどう考えても

10キロくらいしか出ていなかったことが明らかになった。

なぜ亡くなってしまったのか。彼は、自分の顔の前あたりにくるように十字架を下げていた。家の中に入ろうとしている彼女に手を振っていて、ほんの一瞬前を見なかったのだろう。そこに運悪く車が停まっていて、ぶつかってしまった。

そして、これも運が悪いことに、車のエアバッグの感度が異常に高かった。こつん、とぶつかった瞬間にエアバッグがものすごい勢いで膨んで、目の前に下げてあった十字架が彼のこめかみに深々と刺さってしまった。

すべてを見ていたガールフレンドが警察に連絡を入れたが、彼はほぼ即死の状態だったらしい。

この話、そもそも『レリジョン・イン・ザ・ニュース』というウェブサイトで紹介された話が基となっているようだ。日常生活で起きる宗教的要素の強い出来事について語ることのサイトで紹介された話が、少し前から流行《はや》っていたチェーンメールの内容と融合して生まれ、最新派生バージョンとして語られるようになったのだろう。これだけ起承転結がきれいに流れる本当の話は、そうそうないはずだ。

【パラボラアンテナでフライ死】　アメリカ、カナダ

こんな話を聞いたことがありませんか？

とある建物の中で電話の交換機を設置していた技術者がいた。二人ひと組で作業をしていたが、お互いがお互いに知らせることなく昼休みを取ってしまった。やがて一人が現場に帰ってきて、交換機のスイッチを入れた。ところが、もう一人がまだ作業中だった。作業員の体が焼け焦げる臭いが建物に充満し、人々はどこかでバーベキューをやっているのかと思い、食欲をそそられたが、事件の真相を知った後、ほとんどの人がベジタリアンになった。

この話は80年代初頭に通信業界の仕事ロア（特定の業界内の噂）として語られていたものだ。少なくともアメリカ国内でこうした事件が起きたという記録は残されていないのだが、（だからこそ、と言うべきだろうか）進化を遂げて次のような話になった。

シカゴの大きなホテルが、最新式の大型電子レンジを導入することになった。かなり大きいので、通常の電子レンジのように目線の高さではなく、キッチンで働く人々の腰のあたりで扉が開閉できるよう設置されることになった。ある日、このレンジからテーブルひとつはさんだ場所で作業をしていたパティシエが突然気分を悪くし、倒れたその場で息を引き取ってしまった。

詳しい現場検証と死因の特定作業が行われ、事実が明らかになった。仕上げた見事なケーキを一歩下がって見ていたパティシエは、大型電子レンジの扉を背にして立っていた。しかしそのとき、扉が完全に閉められていないままスイッチがオンになっていた。つまり、マイクロ波が少しずつ漏れ出る状態になっていた。それを知らなかったパティシエは、マイクロ波に腎臓を直撃されて死んでしまったのだ。

電子レンジに関する話は、この本でも再び紹介している〝ペットをレンジでチン〟という話、あるいは、ドラッグでハイになったベビーシッターが赤ちゃんをレンジで調理してしまう〝ヒッピー・ベビーシッター〟という話がある。そしてこの系統の話は、２０００年代に入ってさらに進化を遂げた。

電話用電波中継業務会社で保守点検係として働いていた男性が、クリスマスの朝に職場で亡くなっているところを発見された。死因はマイクロ波の過剰照射だ。犠牲者エドワード・ベイカーは、電話回線用の電波を集めるフィードホーンという装置のすぐそばで長い時間を過ごしたようだ。

ベイカーが勤務していたノーザン・マニトバ・シグナル・リレー社の広報担当ターニャ・クックによれば、ベイカーは昨年、服務規定の安全遵守事項に従わなかったため厳重注意を受けていた。施設の電源を切って安全装置を手動で操作できるようにして立ち入り禁止区域に入り、電波を集めるディッシュアンテナの前に立って体を温めていた。

マイクロ波は、電子レンジで食べ物を温めるのとまったく同じメカニズムで体内の水の分子を温める。クリスマス・イブの夜12時間シフトに当たってしまったベイカーは、職場にビール12缶とプラスチック製の椅子を持ち込み、強いマイクロ波が通る場所に座った。彼が知らなかったのは、その夜、通常の10倍の強度のマイクロ波が照射され、ディッシュアンテナの許容量を測定する予定があったことだ。

ベイカーの死体を見つけたのは、朝番の保守点検係だった。施設に入っていくと、何か

香ばしい香りがした。ベイカーがローストビーフでも作ってくれたのだろうと思ってアンテナまで行くと、椅子に座ったままの状態で黒こげになった死体があった。すぐそばに置かれていた缶ビールも、急速に温められて爆発していたという。

このバージョンは、2002年3月に筆者のもとに送られてきたチェーンメールだ。原型となった話は2000年あたりから広がっていたらしい。舞台が大きくなり、事故の原因がこれまでのバージョンの電子レンジとはかけ離れた装置になったが、〝ウソは大きなほうが本当に聞こえる〟という法則がここでも当てはまったのか、加速度的に広がった。

この話、夏場はまったく聞かず、チェーンメールが出回り始めるのが早くても毎年1月なので、冬の風物詩のような都市伝説だ。そして、この話の面白い部分は、電子レンジ↓パラボラアンテナという装置の進化に伴って、背景の細かい部分も聞き手が納得いくように変わり続けてきたことだ。流れに無理がなくて展開が面白く、そして大き目のウソを盛り込んだ展開ならば、どんな話も都市伝説化する可能性を秘めているということなのだろう。

【形見のカウボーイブーツ】

アメリカ、オーストラリア

こんな話を聞いたことがありませんか？

1890年。テキサス州の小さな都市で、親子3代で牧場を経営する年老いたカウボーイがいた。ある日牛を追う途中で馬から下りたとき、ガラガラヘビにブーツのかかとを噛《か》まれた。痛みはまったく感じず、日も暮れかかっていたのでそのまま馬に乗り、家に向かった。

しばらくすると気分が悪くなり、馬を止めようと思ったが、手に力が入らない。意識がもうろうとして、あたりが真っ暗になった。そして突然馬から落ち、その場で死んでしまった。

家族が死体を見つけたのは、その夜遅くだった。ヘビに噛まれたことは知らないので、死因は心臓発作ということになり、すぐに葬儀が行われた。

葬儀の翌朝、仕事に出るため息子が着替えていると、母親がこう言った。「パパの形見のブーツ、長男のあなたがもらいなさい。サイズも一緒だし、仕事中お父さんといつも一緒にいられるでしょ」

さっそく履いてみると、かかとがちくっとした以外は何の問題もない。とげでも刺さっているんだろうと思い、そのまま仕事に出かけた。その日の夕方。父親が倒れていた場所の近くで倒れている長男が発見された。外傷がまったくなかったので、死因は心臓発作ということになった。葬儀は3日後に行われた。

葬儀の翌日、ブーツは一番年上の孫息子に受け継がれることになった。ところが、このブーツを履いて仕事に出た日の夕方、孫息子も心臓発作で命を落としてしまった。

ごく短い期間に夫から始まって息子、そして孫息子と3人立て続けに亡くなってしまうなど考えられない。孫息子の葬儀の際、一番年下の孫がブーツを脱がせて中を詳しく調べた。何かを見つけたらしく、彼は道具小屋に行った。

かかとの部分を外してみると、とげのようなものが靴底に向けて突き出していた。抜いてみると、それは長い牙だった。

カウボーイが噛まれたとき、ガラガラヘビの牙がブーツのかかとに突き刺さり、先がほんの少しだけ靴底に突き抜けていた。その牙に残っていた毒で、親子3代のカウボーイが命を落とすことになった。

なんともアメリカっぽい話だ。さらにアメリカっぽい要素を盛り込んだ、以下のようなイントロ部分から始まるバージョンもある。

西部のとある町で起きた話。ある日仕事を終えたカウボーイが、牧場から一番近い町にあるバーに行ってバーボンを飲んでいた。すっかり酔っぱらって店から出ると、少し離れたところを這《は》っているガラガラヘビを見つけた。

ガラガラヘビを生かしておいて良いことなどひとつもなし。少なくとも、彼はそう思った。そこで持っていた銃で腹のあたりを撃ち抜いた。もがき苦しむガラガラヘビのところに行って、ブーツのかかとで頭を踏みつぶしてとどめを刺した。

この後の展開は最初に紹介したバージョンとまったく同じだ。〝フェイタル・ブーツ〟(死のブーツ)と呼ばれるこの話には、1999年の終わりに劇的な変化が起きた。

アリゾナ州内で実際に起きた事件。とある道路をトラックで走っていた男性が、道を横切っていたガラガラヘビを轢いてしまった。そして運悪く、タイヤが蛇の頭を踏みつぶし、毒牙がタイヤに刺さって残ってしまった。

何も知らないドライバーは、そのままセルフサービスの洗車場に行った。タイヤをスポンジで手洗いしているとき、残っていた毒牙の先に指が触れ、そこから毒が入って死んでしまった。

この男性が家に帰る途中でガソリンスタンドに寄り、タイヤの空気圧をチェックしてくれた店員が死んでしまうというバージョンもある。毒牙が刺さるのがブーツではなくタイヤになったことで、現代社会へのアピール度も抜群に高まった。

そんな中、『アリゾナ・リパブリック』という新聞の1999年6月24日号に、次のような記事が掲載された。

〝ジャスティン・クラフ（21歳）が、モハベ・ガラガラヘビに噛まれた。友人が22口径のカリバーライフルで撃ち殺し、ちぎれた首を拾い上げたところ、いきなり噛みつかれたという。「子どもの頃からヘビには慣れていたから、ちょっと気が緩んだ。力を抜いたときに、頭が動き出して噛まれた。信じられないくらいの痛さだったよ」と語った彼は、右手人差し指の一部を切除することになった〟

〝フェイタル・ブーツ〟そのままのストーリー展開ではないものの、こういう事件がきっかけで、昔の都市伝説が再び流行し、さらに新しい派生バージョンが生まれることは多い。

【死を呼ぶかくれんぼ】 アメリカ、ヨーロッパ

こんな話を聞いたことがありませんか？

フロリダ州パームビーチに住む高校生カップルが、卒業と同時に結婚することになった。二人とも18歳なので、それぞれの両親は最初こそ反対したが、二人の情熱に押されて承諾した。結婚するとなれば、できるだけのことはしてやりたい。式と披露宴は、花嫁の父親が所有する豪邸で行われることになった。

広い庭で行われた式も、披露宴も素晴らしかった。やがて招待客が少しずつ帰り始め、

日が沈む頃、残ったのは新婚の二人と家族、そしてごく親しい友人が20人ほどだった。みんな酔っぱらっている。未成年なので、アルコールを飲まなかった新郎新婦は、暇つぶしにかくれんぼをしようということになった。それを聞きつけた酔っ払いたちも、次から次へと加わった。鬼は新郎。それぞれが家の中、庭に散ってゲームが始まった。

　そして20分後。新郎は、新婦一人を残して全員を見つけ出した。しかし、よほどうまい場所に隠れたのか、いつまで経っても見つからない。そこで、全員で見つけようということになった。

　それから2時間後。まだ新婦は見つからない。この頃になると、新郎もキレはじめた。いたずらされていると思ったのだ。怒りを噛み殺しながら「みなさん、引きとめてしまって申し訳ありません。僕が一人で探しますから、お帰りください」と告げ、送りだしてから再び新婦を捜し始めた。

　しかし、それから夜中まで捜し続けても見つからない。マリッジブルーで逃げ出したんだろうか？　自分と花嫁の家族に事情を話し、一緒に捜してもらったが、それでも見つからない。明け方になって、警察に連絡することにした。

　新郎が地元警察に行方不明者届を提出したのは3日後だった。それから1週間経ち、2

週間経ち、1カ月経っても何の情報もない。新郎は、食べるものも喉を通らないまま日々を過ごしていた。

それから3年後。花嫁の屋敷で掃除をしていた女性が、屋根裏で大きなトランクを見つけた。表面にうずたかく積もったほこりを払ってみると、鍵がかかっていない。どうしても中を見たくなった彼女は、蓋をあけた。そして次の瞬間、出したこともないほどの大きな叫び声を上げながら、その場に倒れた。

中には、ウェディングドレスを着たミイラがあった。3年前の結婚式の日、花嫁は屋根裏まで上がってトランクを見つけ、その中に入った。しかし蓋が閉まり、中からは開けられなくなってしまった。しかもわるいことに、重い蓋で頭を打ってそのまま気絶してしまったようだ。

窒息するまで1日以上かかったはずだ。ミイラ化した花嫁の死体は目を見開き、口は叫び声を上げたままの形で固まっていた。

ここで紹介したバージョンの舞台はフロリダ州パームビーチだが、正確にルーツを辿るためには、200年近く時代を遡らなければならない。1809年に出版された『Monthly

Anthology and Boston Review』という本に、ドイツで起きたという事件に関する記述がある。とある古い城で、ウェディングドレスを着た骸骨が入った大きなトランクが屋根裏部屋で見つかったという内容だ。

このドイツでの事件が原話バージョンであるという確証はないが、同じ系統の話はかなり昔からあったようだ。そして話の内容には、進化を続け花嫁の死体が見つかった後について詳しく語った派生バージョンもある。

花嫁の死体が見つかった後、新郎をはじめ、関係者はすべておかしくなってしまい、屋敷に住む人間は誰もいなくなってしまった。競売にかけられて地元の不動産業者が買い取り、転売したが、新しい住人が「屋根裏から音がする」とか、「花嫁姿の女性が歩きまわっている」と訴え出た。以来何人か住人が替わったが、みんな住み始めて1カ月くらいで出て行ってしまう。やがてこの屋敷には住む人がいなくなり、業者も手放してしまったので、今は荒れ放題になっている。ただし今でも、花嫁姿の女性が窓から外を覗《のぞ》くところが目撃されている。

地縛霊にまつわる幽霊譚というテイストの話だが、実は『Monthly Anthology and Boston Review』が発表された直後にも、イギリスのオックスフォードシャーやハンプシャー、そしてデボンなどにある古い屋敷で〝花嫁衣装を着た女性〟の幽霊が目撃されるという話が広がった時期がある。

ということは、生まれてから200年もの間語られ、進化してきた話に先祖返りのような現象が起きたということなのだろうか。都市伝説の進化の方向は、つくづくわからない。

【爆発トイレ】　アメリカ、イギリス

こんな話を聞いたことがありませんか？

プラモデルを作るのが大好きな男性がいた。ある日いつものように書斎で新作に取り組んでいる時、玄関のベルが鳴った。妻を大声で呼んだが、返事がない。仕方なく立ち上が

ったとき、そばに置いてあった塗料が倒れ、机の上に広がってしまった。拭こうと思ったが、玄関のベルが激しく鳴っている。そのままにして玄関まで行くと、少し前に注文していたレアなプラモデルを届けに来た宅配業者だった。

ちょうどそのとき、シャワーを浴びていた妻がバスルームから出てきた。夫が呼ぶ声は聞こえたが、用が何だったのかは聞こえなかった。とりあえず書斎に行って中を見ると、机の上に塗料が広がっている。固まってしまう前に拭きとらなければ大変なことになる。キッチンに走った彼女はペーパータオルで塗料をきれいに拭き、それをトイレに捨てた。

妻にとって、そして誰よりも夫にとって不幸だったのは、この塗料の揮発性が極めて高いことだった。

前から欲しかったプラモデルを手に入れた夫は、興奮のあまりそのままトイレに行った。書斎でもリビングでも、タバコを吸うのは禁じられている。タバコを吸いたくなったらトイレに入って換気扇を全開にするのがルールだった。

しかし彼は、プラモデルを手に入れたことで興奮しており、換気扇のスイッチを入れる前にタバコをくわえ、ライターを点けてしまった。

その瞬間、狭いバスルームに充満していた塗料の可燃成分が爆発を起こし、家半分が吹き飛んでしまった。夫は奇跡的に助かったが、タバコをくわえ、ライターを手に握ったままの姿で救急車に乗せられ、病院に運ばれることになった。

爆発の原因となるものとして、殺虫剤やヘアスプレーなどが盛り込まれているバージョンもある。また、このバージョンではトイレが爆発した後についてはあまり詳しく触れられていないが、そこに特化した話もある。

ものすごい爆発音がしたトイレに駆け込んだ妻は、床に倒れている夫を見つけた。何かはわからないが、用を足しながら届けられた荷物の中身を見ようとしていたようだ。口にタバコをくわえている。ズボンは下ろしたまま、前のめりになって突っ伏したように倒れている。

よく見ると、お尻が真っ赤になっていた。ただれたような状態だ。助け起こそうとして体をひっくり返すと、ふくらはぎも、そして大事な場所も真っ赤になっていた。ひどい火傷《やけど》だ。

すぐに救急車を呼び、病院に行くことにした。すぐに来てくれた救急隊員は両側から夫の体を支えて家の外に出した。そして、ひとりが妻にこう尋ねた。

「どうしてトイレでこんなにひどい火傷をしたんですか?」

妻が説明すると、救急隊員は大きな笑い声を上げ、一瞬力が抜け、夫の体を道路に落としてしまった。かなり高さがあったので、落下の衝撃で尾てい骨まで骨折してしまった。


1988年8月、ロイターとUPIが次のような内容のニュースを配信したことがある。どちらの通信社も、ネタ元として明記していたのは『エルサレム・ポスト』というイスラエルの新聞だった。


〝ゴキブリを殺そうとしたイスラエル人主婦が、夫の大切な部分に火傷を負わせ、骨盤と肋骨を折ることになってしまった。『エルサレム・ポスト』紙によると、リビングルームでゴキブリを発見した主婦がその場で踏みつぶして殺し、死骸をトイレに持って行って便器に投げ入れ、とどめを刺す意味で殺虫剤をこれでもかというほどかけてふたを閉め、そのまま流した。

何も知らない夫がトイレに入り、用を足しながら一服しようとライターを点けた途端、大爆発が起きた。

夫は臀部《でんぶ》と性器の周辺に大火傷を負ってしまった。慌てた妻が救急車を呼び、隊員がトイレで動けないままの状態になっている夫をストレッチャーに載せたまではよかった。「どうしてこんなことになったんですか?」と尋ねられた妻は、ありのままを話した。すると、救急隊員二人が同時に爆笑し、手の力が緩んだ瞬間にストレッチャーが落ちてしまった。その衝撃で、夫は不自然な体勢で床に体をぶつけ、骨盤と肋骨まで折ることになってしまった〟

『エルサレム・ポスト』紙の担当記者も事の真相を確かめなかった話がそのまま記事になり、有名通信社までもがうっかり配信してしまった話が〝事実〟として認識されることになってしまった。〝本当にあった都市伝説〟というのは、こういうメカニズムで生まれるんじゃないだろうか。

第6章 夫婦にまつわる都市伝説

【妻の復讐】

アメリカ、イギリス

こんな話を聞いたことがありませんか？

イギリスのブリストルに住むカップルが、結婚生活の危機を迎えていた。原因は夫のDV。とは言っても殴るわけではなく、言葉の暴力で何かにつけて妻に激しく詰め寄り、そうかと思うと2カ月くらい無視し続けてまったく話さないことも珍しくなかった。

そしてある朝、二人は決定的な瞬間を迎えた。2週間の出張に出発する夫が、妻に向かってこう言った。「俺たちはもうおしまいだ。俺が帰って来るまでに出て行け。ローンは俺がこのまま払ってここに住む」

そして2週間後。夫が家に帰って来ると、妻はいなかった。家の中はめちゃくちゃな状態だったが、これは想定内だ。壊れている家具やなくなっているものを確かめるため、家の中をあちこち調べていると、受話器が外れているのに気がついた。受話器を元通りにした夫は、特に何も考えなかった。

その数週間後、電話の請求書が届いた。いつもより厚めな感じだ。何だろうと思って中身を見た夫は、6000ポンドという数字に腰を抜かしそうになった。何度も確かめたが、6000ポンドという金額は電話料金としては考えられない。通話の相手を調べてみると、″オーストラリア公共サービス″となっている。これを見た彼は、家に帰って来た日に受話器が外れていた理由を悟った。妻は、オーストラリアの天気予報案内に国際電話をかけ、つながったままの状態で家を出たのだ。国際電話をつないだまま放置すれば、電話料金が莫大なものになっても仕方がない。

キレて怒鳴りちらそうとしても、妻はもういない。彼は、怒りを噛み殺しながら銀行に行って現金をおろし、電話料金を支払った後、家に帰ってきて、妻が最後に触ったはずの電話をハンマーでめちゃくちゃに破壊した。

1980年代半ばには、こういう展開の話がいくつか同時に流行した。最初に紹介したのは1986年の2月あたりから広がり始めたもので、翌87年の夏には、次のような派生バージョンが流行し始めた。

ハリウッドに住むセミプロのミュージシャンが、同棲していた彼女に一方的に別れを告げ、「帰って来るまでに荷物をまとめて出て行ってくれ」とだけ言い残してツアーに出た。彼女のほうに落ち度はない。結局、彼が飽きたということらしかった。彼にとってはそれだけの相手だったのだ。誰が考えても円満な別れ方じゃない。

取り残された女性は、特に怒りも感じなかったのか、男に言われた通り、淡々と荷物をまとめて出て行った。彼女のほうも、そんなに愛してはいなかったのかもしれない。男がツアーから帰って来ると、家は特に荒れておらず、何もなくなっていなかった。いや、むしろ出かけたときよりキレイになっていた。ただ、リビングに置いてある電話の受話器が外れていた。何が何だかわからない音が流れている。男は静かに元通りにして、何事もなかったかのようにシャワーを浴びた。

数週間後に届いた電話料金の請求書を見た彼は、やられたと思いながらそれをくしゃくしゃにした。彼女は東京に国際電話をかけていた。時刻を知らせるサービスにつないで受話器を外したままにしていたため、料金は8万ドルに達していた。

国際通話がいかに高かった時代とはいえ、6000ポンドとか8万ドルとか、やたら派手な数字が並んでいる。特にハリウッドバージョンでは、今の円ドルレートで考えても8

00万円だ。それはないだろうという数字だが、2週間1秒も切ることなくつなぎ続ければそれくらいの金額になってしまうかもしれないという気がする。

一緒に住んでいた女性に一方的に別れを告げる男が受ける復讐という図式のほかに、高額請求というキーワードだけを基に構築された話も派生バージョンとして生まれた。

ニューヨークの超有名広告代理店をクビにされた男性が、誰も行かない資料室の壁にあるジャックに電話線を差し込み、日本の天気予報にかけてそのまま放置して会社に10万ドル（！）近くの損害をもたらしたり、捨てられた妻が夫の服をパンツから靴下まですべてドライクリーニングに出して1万ドルの料金を請求されたりという話がある。

さらには、クレジットカードで数千ドルもするポケモンのカードを買ったり、Eベイで使いもしないトラクターを競り落としたり、キース・ヘリングやラッセンのオリジナルを買って、リビングにしれっと置いておいたり、というバージョンもある。次のバカ高い買い物は何になるのだろうか？

【マスターカード・ウェディング】

アメリカ、イギリス、イタリア

こんな話を聞いたことがありませんか?

カリフォルニア州シミバレーで実際にあった話。地元では有名な家の娘と、大学の同窓生だった男性の盛大な結婚式があった。厳粛だが幸せな空気の中で式は進み、花嫁を前にした誓いの言葉の直前、花婿が親族友人と招待客に向き直った。不思議そうな顔をしている牧師を制止しながら、彼はこう言った。

「今日は、お集まりいただいてありがとうございます。みなさんから素晴らしい贈りものをいただき、心から感謝しています」

花婿は、これ以上ないほどのほほ笑みを浮かべている自分の両親に向かって言った。

「たくさんのものを与えてくれた父と母にもありがとうと言いたいです」

そして、花嫁に向かってこう言った。「お前にもお礼を言っておいたほうがいいな。昨日の夜、僕の介添人と寝ただろう? 信頼を裏切ってくれてありがとう」

花婿は、結婚式の費用すべてを記した紙を花嫁に渡し、式場を後にした。

この話は1980年代半ばにさかんに噂されていて、事件の舞台はカリフォルニア州シミバレーやコロラド州コロラドスプリングスなど、富裕層が多く住むことで知られる都市であることが多い。

地方紙が多いアメリカの新聞には人生相談コーナーが必ずあって、長期連載が続いているが、中でも有名な『アン・ランダース』や『ディア・アビー』というコラムでもこの話が取り上げられていた。

そして10年後。ウィンドウズ95の普及とともに、次のような新バージョンがチェーンメールを媒体として一気に広がった。

これは実際に起きたことである事実を最初にことわってから話を始めたい。俺はこの話を、同じソフトボールチームの仲間から聞いた。事件が起きたのは、カリフォルニア州のニューポートビーチで行われた結婚式だった。招待客が300人も集まったというから、かなり盛大な結婚式だ。

式を教会で挙げた後、場所を近くのホテルに移して披露宴が始まった。1時間くらい経った頃、花婿がステージに上がってマイクを握った。招待客全員に向かって、遠いところを来てくれてありがとうみたいなお礼で始まり、次に花嫁の親族に向かって特にていねいな感謝の言葉を述べた。

「結婚式に来ていただいたみなさんにお返しをしたいと思います」と彼は言った。「椅子の下に封筒が貼り付けてあります。剝がして中を見てください。それが僕からのプレゼントです」

招待客は、言われた通りに封筒の中身を取り出した。それは、花婿の介添人と花嫁がセックスしている現場を撮影した写真だった。花婿は、かなり前から二人の仲を疑っていたらしく、探偵を雇って徹底的に調査していた。

花婿はステージに立ってマイクを握ったまま、驚く招待客たちのリアクションを楽しんでいた。騒ぎが少しだけ収まったころあいを見て顔を真っ赤にしながらどんな表情をしたらよいのかわからない介添人に向かって中指を立て、「ファック・ユー」と叫び、ひたすら下を向くことしかできない花嫁に両手の中指を立てながら「ファック・ユー・トゥー」と言った後、「すっきりしたぜ！」と吐き捨てるように言って式場を後にした。

花婿はその足で、正式に結婚を無効とする届け出を提出した。一番の被害者は花嫁の両親だ。300人もの招待客と親族に娘のふしだらさがばれて生き恥をかかされた上、結婚式の費用を全額払うことになった。花嫁一家は、しばらくして別の街に引っ越したらしい。

このバージョンでは、カリフォルニア州内では有名なセレブ地区であるニューポートビーチが舞台になっている。高級住宅街が舞台となる話の肝《きも》の部分は、ここでも活かされている。

1995年の大流行のときには、『ワシントン・ポスト』紙の記者が噂を徹底的に検証し、実際に起きた事件なのかを確かめるキャンペーンを展開した。ここで検証の過程をすべて紹介することはできないが、記者にこの話をした人が誰から話を聞いたかを尋ね、その人に実際に会って、同じことを尋ねる。こうした作業を繰り返していき、最終的にはとあるラジオ番組の中でリスナーが電話でした話だったということがわかった。

日本国内で似たような話はないか探しているが、まだ見つかっていない。ストーリーの核となる花婿の介添人と花嫁の浮気というショッキングな要素がリアルに感じられないからかもしれない。

【ハロウィーンパーティー】 アメリカ

こんな話を聞いたことがありませんか？

ある年のハロウィーンの夜。仮装パーティーに夫婦で誘われていた女性が猛烈な頭痛に襲われ、一人で行くよう夫に言った。

薬を飲んで寝ていたらすっかり気分が良くなったので、彼女は秘密で準備していたコスチュームに着替えて夫の後を追うことにした。パーティー会場に着くと、夫はすぐに見つかった。しかし、夫は彼女がいるのに気が付かないようで、周囲の女性に手あたり次第に声をかけたり、後について歩いたりしている。これはこらしめなきゃ、と彼女は思った。

そっと夫に近づいて行って、声色を変えて話しかけてみた。夫は妻のコスチュームを見たことがなかったので、まさか自分の妻が声をかけてきたとは思わないだろう。

彼女は面白くなってしまい、夫の耳元で誘惑的な言葉を囁《ささや》き、しばらく踊った後「二人きりになりたい」と言って庭に連れ出した。プールハウスの中に入り、真っ暗な中でセックスした後、彼女はそのままパーティー会場を後にして家に帰った。

夫が帰ってきたのは、朝の3時を回った頃だった。「パーティー、どうだった？」と尋ねる妻に、夫は「あまり盛り上がらなかった」と答えた。

「誰かと踊らなかったの？」と尋ねると、夫から意外な答えが返ってきた。「実は、会場に着いてしばらくしたらピートとクレイグとジョンに会ったんだ。そのまま飲んでいてもつまらないから、別の部屋でずっとポーカーをしていた」

妻は、ちょっと焦りながらもう一度尋ねた。「で、一晩中ポーカーしてたの？」

夫はこう答えた。「ああ、そうだ。コスチュームはチャーリーに貸した。帰り際に会ったとき、最高のパーティーだったって言ってたよ。よほどいいことがあったんだろう」

日本でハロウィーンがメジャーなイベントになったのはいつだろう？　欧米人がコスチュームを着て山手線ジャックしていた時代から始まり、川崎でパレードが行われるようになり、六本木や渋谷などでもコスチュームを着ている人を見ることも珍しくなくなった。

アメリカでは、ハロウィーンは本当に大きなイベントで、昼間から夕方は子どもたち、そして夜から翌朝までは大人たちが主役になって大いに楽しむ。コスチュームも凝ったものが多く、映画の特殊メイク技術を駆使したレベルの仮装をする人も少なくない。

そんな土壌の中で生まれたのが、コスチュームを頼りに夫を捜して、意図していなかった不倫を犯してしまう妻の話だ。オリジナルバージョンとされているのは、1965年に出版された『Laugh Day』というジョーク本に掲載されていた話と言われている。

生まれてから50年近く経っているにもかかわらず、よほどアピールするストーリー展開なのか、ハロウィーンのイベント性がきわめて高いアメリカでは、細部がさまざまに変わりながら長い間語り継がれている。

2000年代に入ると、読者投稿という形で〝体験談〟が『コスモポリタン』や『プレイボーイ』といった超一流雑誌でも紹介された。

ハロウィーンの夜、彼氏と一緒にコスチューム・パーティーに行きました。彼のコスチュームはオペラ座の怪人、そして私は赤い悪魔です。パーティーの間、私は彼がほかの女とベッドルームに入っていくのを見てしまいました。そのままドアの前で立って待っていると、彼がトイレに行くために出てきました。すかさず後ろを向いてやり過ごし、彼がしばらく帰ってこないのを確かめてベッドルームに入り、ベッドに寝ている女性に事情を話して出て行ってもらい、代わりに私が寝ました。中がとても暗かったので、トイレから帰ってきた彼は私たちがすり替わっているのに気づきませんでした。私はもちろん自分の彼氏だと思い込んでいたので、そのままセックスしました。途中で彼は私ではない女の名前を叫んでいました。そこで頭に来て彼の体を押し戻し、スタンドを点けたら、見たこともない人が不思議そうな顔で座っていました。私が彼氏と思い込んでいたオペラ座の怪人は、会ったこともない人だったのです。

この話はコスモポリタン読者の体験談という体だが、投稿者が確信犯であることはまちがいない。そして投書を選んだ編集部員も、すべてを知った上であえて掲載し、読者の反応を見たかったのではないだろうか。ちなみに、『プレイボーイ』に掲載された話のストーリーはここで最初に紹介したバージョンで、夫がコスチュームを貸した相手が父親だったというオチになっている。

【思わぬ妊娠】

こんな話を聞いたことがありませんか?

アメリカ、ヨーロッパ

カリフォルニア州のとある都市に住んでいる女子高生の話。この女の子は、従兄の彼女の友だちなんだけど、ある日お母さんが買い物から帰ってくると、リビングのソファーでこの子が彼氏といちゃいちゃしていた。まあ、いちゃいちゃしてるだけならどうってことはなかったが、二人とも素っ裸だったのがまずかった。要するに、そのものずばりの現場を押さえられたってことだ。

お母さんは彼氏にその場で服を着させ、出て行ってもらった。そして娘を目の前に座らせ、お説教が始まった。当然の展開だね。「家に男の子を連れ込むなんて……」というところから始まって、「避妊はしっかりしてるの?」というところまで話が進んだ。

すると女の子は、避妊はしてると答えたらしい。どういう意味か問いただすと、「ママのピルを取って飲んでるの」と言った。

洗面所に行って、ピルケースの中身を確かめると、ひとつもなくなっていない。でも、半分以上が子ども向けの頭痛薬にすり替えられていた。すべて娘のしわざだ。

それから1カ月後、体調を崩したお母さんが病院へ行くと、妊娠していることがあきらかになったらしい。お父さんもお母さんも、かなり恥ずかしい思いをしたようだ。

この話、アメリカではかなり愛されているようで、3つの州のFM局のDJが面白話として紹介していた。筆者が聞いたのは、最初に紹介した話の舞台となっているカリフォルニア、同じ西海岸のワシントン、そして西部のアリゾナだ。

2008年に、長くても3カ月くらいの間に立て続けに聞いたので、この年に噂がリバイバルするきっかけがあったのかもしれない。たとえば、人気ドラマシリーズで似たような描写のシーンがあれば、それまで何十年も眠っていた噂が一気に息を吹き返すこともある。ちなみにこの話、1998年のハリウッド映画『ルール』にも小ネタのひとつとして盛り込まれている。

ジャン・ハロルド・ブルンヴァン著の『Encyclopedia of Urban Legends（都市伝説百科事典）』という本によれば、この話は避妊用ピルの市販が開始された1960年にはもう生まれていたという。そして、1968年に製作された『Prudence and the Pill』というハリウッド映画でも、頭痛薬と避妊用ピルをすり替えるところまで含め、まったく同じ話が使われていた。この話が映画で使われたのは、『ルール』が初めてではなかったのだ。

そして、『Encyclopedia of Urban Legends』でさらなる手がかりが見つかった。2008年、ベルギーのルーヴェン大学に勤務するステファーン・トップ教授が、ベルギーの都市伝説を集めたシリーズ本の最新刊を出版した。この本に、次のような話が収録されている。

1976年の夏のこと。ブラスカート女子高校の生徒たちが2週間の卒業旅行でイタリアに行った。女の子たちは、出発前から大騒ぎしながら、早々と荷物を作った。もちろん、イタリアのイケメンと会うことも計算している子がほとんどだった。だから、きちんと〝準備〟も怠らなかった。

イタリア旅行のメンバーに、薬局の娘がいた。彼女は、出発日の1週間前から毎晩店に忍び込み、少しずつピルを盗んだ。2、3日経つと、父親もピルが少なくなっているのに気付いたが、誰の仕業かはわからない。犯人を見つけるため、彼は残っているピルをすべて頭痛薬にすり替えておいた。しかし、その後も薬が盗まれ続けていた。

そして女の子たちがイタリアに旅立った後、当然のことながら薬の盗難も止んだ。父親はすべてを悟ったが、もう遅い。あわてて学校に事情を説明し、帰国と同時に、女の子たち全員に妊娠検査が行われた。そして、旅行に行った女の子の半分が妊娠している事実が明らかになった。

この話は、2008年に語られた時点で〝1976年に起きた話〟として紹介されているわけだが、そうなるとアメリカと同じくらい古い歴史を持つ話が、ヨーロッパ――少なくともベルギーでは――でも語られていたということになる。

そして、最初に紹介したバージョンがアメリカで2008年に再燃した一因は、ステファーン・トップ教授が出版した本だったのではないだろうか。研究者の間では当然話題になるだろうし、そうなれば、常にネタを探しているテレビやラジオ関係者の目に留まる確率も高くなる。

都市伝説なので、当然のことながらさまざまなバージョンが存在するが、物語としてはベルギー1967年バージョンがひねりも効いていて、人に聞かせる話としての完成度が一番高いと思う。

【不倫の復讐はコンクリートで】

アメリカ

こんな話を聞いたことがありませんか？

俺の友だちの友だちが、ミキサー車の運転手をしてる。この男が、自分の女房が不倫してるんじゃないかと思い始めたそうだ。ある日、泊まりがけで会社の研修に行くと思いこませて、妻を一人で家に置いて出かけた。車で家を出て会社に行き、そこで車を停めて、レンタカーを借りて家に帰ると、案の定ベッドルームのカーテンが閉じていた。家の前の道路には、ぴかぴかのオープンカーが停まっている。

これを見て頭にきた彼は、素晴らしいアイデアを思いついた。すぐに会社に戻って、ミキサー車のタンクをセメントで満タンにして自宅に引き返した。そしてオープンカーのすぐ横にミキサー車を停め、準備を整えてスイッチを押し、オープンカーに大量のセメントを流し込んだ。すると、家の中から見知らぬ男が出てきて、自転車に乗って、そのままどこかへ走り去っていった。

ミキサー車の運転手は、その日のうちに離婚手続きをしたそうだ。セメント漬けになったオープンカーの処理は、不倫妻が全額負担した。

この話は、1970年代のアメリカの各地で〝実話〟として語られていた。約10年後、次のようなバージョンが生まれた。媒体は『ロサンゼルス・タイムズ』紙で、現代の都市伝説に関して書かれたコラムだ。

筆者が一番好きなのは、ミキサー車ドライバーの妻の話だ。彼女は、夫の給料から毎月少しずつお金を貯めていた。夫が憧れていたキャディラックのコンバーチブルを買うためだ。とある年の結婚記念日、ついに金額が頭金には十分になったので、彼女はセールスマンを家に呼んだ。

夫が家に帰ってきたのは、ぴかぴかのキャディラックが家の前に停まっているときだった。彼は早とちりで、会社でもその性格で損をしていた。そして、結婚記念日というタイミングでもこの悪い癖が出てしまった。家の前で妻と話しているセールスマンを見て、キャディラックに乗って家まで妻に会いに来た間男だと思い込んでしまったらしい。

完全にキレた彼は、乗っていたミキサー車をそのままキャディラックに横付けし、素早く下りてパイプを車の上にセットし、大量のセメントを流し込んだ。

パーティージョークめいた話だが、インターネットもない時代に、口伝えという都市伝説の伝統的な方法で10年間も語り続けられていたということは、多くの人たちが魅力を感じたのだろう。

話の原点を探っていく過程で、1960年代にコロラド州デンバーの地元紙『デンバー・ポスト』にとてもよく似た話が掲載されたという事実がわかったが、記事を特定することはできなかった。そして2010年、ショッキングな内容の最新バージョンがチェーンメールや都市伝説サイトの掲示板を通じてやり取りされるようになった。

俺のいとこの友だちが、シカゴに住んでる。その男の家の前に、長距離トラック運転手の夫婦が住んでるんだが、この奥さんていうのがなかなかの女らしい。引っ越してきてすぐに、奥さんのほうが浮気を始めた。長距離トラックの運転手だから、旦那は長い間留守にすることが多い。そして旦那がいない間に、家の前にいろいろな車が停まってる。近所の人たちは、旦那を気遣って何も言わなかったが、奥さんの行動は徐々に大胆になってきた。

バレなきゃいいと思ってたんだろうが、旦那が帰ってくるわずか30分前に男が家から出てきて、慌てて車で出ていくなんていうことも何回か続いたらしい。

そしてついに、その時が来た、ある日この奥さんは、よせばいいのに、家の真ん前に停めたオープンカーの中で男といちゃついていたんだ。そこに、旦那が車で帰ってきた。そのまま修羅場かと思ったら、旦那はものすごい形相でそのまま走り去った。

どうやら奥さんは、旦那が帰ってくるのが翌日だと思い込んでいたらしい。そのままいちゃいちゃしているところに、旦那がミキサー車に乗って帰ってきた。

旦那はバックしてミキサー車をオープンカーに激突させ、乗っている二人がショックで動けなくなるのを確認して、セメントを流し込んだ。奥さんと不倫相手の男は、車から出るに出られなくなって、そのままコンクリート詰めになった。旦那は、犯行に使ったミキサー車を運転して自首したらしい。

パーティージョークのような響きの噂が広がり、それが進化して派手な展開のリベンジの話になった。この話、今もアメリカ各地で実際に起きた事件として語られている。

第7章

笑える都市伝説

【ありがちな勘違い】

アメリカ、イギリス、オセアニア

こんな話を聞いたことがありませんか？

とある航空会社の旅客機で本当に起きた話。離陸して食事が終わり、機内の照明が落ちるのを待っていたように毛布をかぶり、その下でもぞもぞ手を動かしている男を見つけた女性キャビンアテンダントが、チーフパーサーにこれを報告した。

話を聞いたチーフパーサーも、放っておくわけにはいかない。よからぬ行為をされては、ほかの客の迷惑になるかもしれないし、ひいては会社の評判にも影響する。

チーフパーサーが問題の男性客の席まで行って確かめると、この客は毛布がかかった股間のあたりで手を動かしている。チーフパーサーは「お客様、毛布の下で何を触っているのですか？」と強い口調で尋ねた。

いきなり上から目線で、しかも強い口調で言われた男性客は怒りだし、かけていた毛布をはぎ取りながらこう言った。

「カメラをいじってたんだよ！　毛布の下で自分のカメラを触るのは航空法に違反するの

か!?」

この話、そもそもキャビンアテンダントの間で〝仕事ロア〟(同じ業界に身を置く人たちだけの間で通じる都市伝説)として知られていたようだ。

当然のことながら、原話バージョンと思われる話が存在する。原話バージョンも仕事ロアであることを感じさせるが、業種はまったく違う。


ロサンゼルスのラ・ブレア通りにある美容室で起きた本当の話。この通りはおしゃれな店が多いことで有名で、地元でも流行に敏感な人たちがたくさん集まる。ある日の夜、美容室の女性オーナーが店じまいをしていた。そのとき、一人の男性が店に入って来た。時間内だったのでとりあえず椅子に座ってもらい、話を聞くと、ロスには出張で来ていて、近くのホテルに泊まっているらしい。

男性はこう言った。「明日の朝一番で大切なクライアントとのミーティングがあるんだが、今日はその下準備で打ち合わせがのびてしまって髪が切れなかった。困っていたところ、看板が見えたからとりあえず入ってみたんだけど、何とかしてくれないかな?」

それじゃあ切りましょうということになって、彼女は男性にクロスをかけ、はさみを取りに店の奥に行こうとした。そのとき、彼女は男性がクロスの下で手を動かしているのに気づいた。太もものあたりでさかんに手を動かしているのがわかる。

この人、変なことしてる。と彼女は思った。手の動きを見る限り、そうとしか思えなかった。身の危険を感じた彼女は、近くにあった重いドライヤーで男の頭を殴って失神させ、すぐに警察に電話した。

男が意識を取り戻したのは、警官が店に入って来たときだった。クロスをはがすと、男性は片手にメガネ、もう片方の手にハンカチを持っていた。彼は、クロスの下でメガネを拭いていただけだったのだ。

いずれの話もアメリカではとても有名で、1980年代初めにアメリカで生まれた話がカナダ、イギリス、オーストラリア、そしてニュージーランドにまで広がった。こちらも美容師さんの間の仕事ロアとして知られている。

アメリカで語られている話にもいくつかバージョンがある。ここで紹介した話の舞台はロサンゼルスだが、ニューヨーク、シカゴなどの大都市を舞台にしたバージョンもある。

被害者側、つまりひどい勘違いをされるお客さんのバリエーションとしては、メガネを拭いていたのではなく、腕時計を巻いていたというパターンもある。

飛行機バージョンが生まれて広がったのは1990年代半ばだった。ちなみに、チーフパーサーではなく、機長がじきじきに注意するという話も聞いたことがある。そして、怪しまれた客が実際にしていたのは、カメラ（デジカメではない）の中に入っているフィルムが詰まってしまい、入れ直すためには暗い場所で裏蓋を開ける必要があったという説明がつけられることもある。

ここで紹介した二つの話に共通するのは、糾弾《きゅうだん》する側にいる人間の早とちりだ。そして、美容師さんとキャビンアテンダントさんという、共通点が探しにくい感じがする二つの職業に就く人たちの間で、まったく同じ展開で進む仕事ロアが語り継がれていたという事実はとても面白いと思う。

【スキー場のアクシデント】 アメリカ、フランス、スイス、イタリア

こんな話を聞いたことがありませんか？

スキーについてまったく知識がない人でも笑える話です。この話は、ニューオーリンズで発行されている新聞に掲載されていました。

ユタ州のスキーリゾートで起きた本当の話。とあるスキーツアーに参加していた女性が主人公です。滞在中のある日、ツアーのグループで行動中、それぞれが思い思いの場所でしばらく滑っているとき、彼女はトイレに行きたくなってしまいました。もちろん、ゲレンデの真ん中にトイレなどありません。スキー初心者の彼女はなぜか、リフトに乗って頂上まで行けばトイレがあるにちがいない、と思いました。そしてグループから一人離れてリフトに飛び乗り、なんとか頂上まで行きましたが、そこにトイレはありませんでした。

大きなショックに、我慢の限界が重なってしまいました。彼女はそのまま人が多い場所から離れ、木立を探して中に分け入って、さらに少し高い場所に行き、そこで用を足すことにしました。幸い上下白のスキーウェアを着ていたので、保護色になって目立つ心配は

ありません。

ところが、あまりにも慌てていた彼女は、スキーを履いたまましゃがんでしまい、気が緩んだ瞬間にそのままの格好で後ろ向きに滑り出してしまいました。前向きならスキーの先端を合わせて止まることもできましたが、後ろ向きではどうにもなりません。

結局彼女は、お尻丸出しの姿で木立からゲレンデに滑り出て、驚く人々がよける中、リフトの真下をまっすぐに滑り降りて行きました。

スピードはまったく落ちません。彼女は最初のゲレンデを横切るようにして隣のゲレンデまで行き、さらにふもとにむかって滑り続けました。リフトに乗っているスキーヤーにしてみれば、どこからともなく現れた女の人が座ったまま猛スピードで滑降していて、しかもお尻を丸出しにしている姿が真下に見えるのです。

そしてさらに悪い事態が起きてしまいました。スキーパトロールの小屋の前に山積みになっていたパイロンに激突し、両腕を骨折してしまったのです。自分でスキーパンツを上げることもできません。両脇をスキーパトロールに抱えられ、お尻丸出しで車に乗せられ、処置室まで連れて行かれました。

両腕を吊った状態でベッドに寝ていると、隣に脚を折った男性が運ばれてきました。目が合って、そのまま黙ったままでいるのも何となくおかしかったので、「脚を折ってしまったんですね」と話しかけました。すると、男性はこう答えました。
「いやー、びっくりしましたよ。リフトに乗ってたら、真下をお尻丸出しの女性が滑り降りて行ったんです。驚いたのと、それに何よりあまりに面白かったので思わずバランスを崩して下に落ち、脚を折ったんです。それで、あなたはどうして両腕を折っちゃったんですか？」

スラップスティックコメディーという言葉がある。ドタバタ喜劇と訳されることが多いのだが、まさにこの表現がぴったりな話だ。場面が想像しやすいからだろうか、最初は80年代半ばにパーティージョークとして一気に広まった。その後、90年代半ばになってさらに勢いを増した感がある。

ここで紹介したユタ州バージョンに加え、コロラド州やオレゴン州、そしてヨーロッパではフランスやイタリア、スイス、オーストリアといった国々のスキーリゾートで起きた話として伝えられている。

原話バージョンは、70年代半ばに生まれたようだ。ここで紹介した話では、ニューオーリンズの新聞で記事になったという文章があるが、これについて確認する方法はない。つまり、こういう事件が起きたという確証はない。

面白いのは、アメリカのスキーリゾートを舞台にした話では、両腕を折る女性がニューヨーク州に遊びに来ているオハイオ州出身者とか、コロラド州アスペンに来たカリフォルニア州民とか、あるいはサン・バレーに来ているオクラホマ州民とか、慣れない場所に来た初心者スキーヤーというイメージが必ずと言っていいほど刷り込まれることだ。

よほど説得力がある話に聞こえたのか、１９８５年には、スウェーデンの国営鉄道の広報誌でガチガチの実話として紹介されたこともある。このときもかなりウケたらしい。

この話、アメリカとヨーロッパだけにとどまらず、その後はカナダやニュージーランドにまで飛び火した。世界中のどこのスキーリゾートでも、お尻丸出しでゲレンデを滑り降りていた若い女の子の話を聞いたら、それはウソです。

【パンクとセレブ】 アメリカ

こんな話を聞いたことがありませんか?

友だちの友だちが、ハリウッドのクラブで夜遊びした時の話。夜中の3時を過ぎたから、家に帰ろうと思って店を出た。海岸沿いの道路を走ってると、カーブに車が停まっていて、すぐそばに懐中電灯を振っている人がいる。近づいて見ると、若い女の子だった。車は見るからに高そうなベンツ。タイヤがパンクしてしまったらしい。困っているのは明らかだったので、タイヤを換えてやることにした。

女の子は、真夜中だというのにどでかいサングラスをかけたまま、それに顔を隠すようにしてスカーフを巻いていた。ほとんどしゃべらなかったが、タイヤの交換が終わるとにっこり笑ってこう言った。「ありがとう。本当に助かりました。名刺をいただけると嬉しいんですが……」

言われるままに名刺を渡すと、彼女は車に乗ってその場を去った。

それから1週間。大きな花束が彼の自宅に届いた。身に覚えがないので驚いたが、受取人は確かに自分になっている。封筒が付いていたので中を見ると手紙が入っていた。

〝この間は本当にありがとう。あなたのおかげで助かったわ。これはほんのお礼です。どうぞ受け取ってください〟

手紙と一緒に入っていたのは、2万ドルの小切手だった。支払人の欄には、パリス・ヒルトンと書かれていた。

この話は、〝フラットタイヤ・ストーリー〟（パンクの話）と呼ばれていて、パリス・ヒルトンをはじめ、ケイティ・ペリーやテイラー・スウィフト、そして東海岸ではマライア・キャリーとかレディー・ガガをフィーチャーしたバージョンがある。

どのバージョンもよく知られていて、主人公になったセレブたちは、さまざまな媒体のインタビューに答える際に必ずこの話をふられるようだ。パリス・ヒルトンは生放送のテレビ番組の中でこれについて尋ねられたが、ただ微笑むだけで何のリアクションも見せず、さらに謎が深まる結果となった。

そうかと思うと、自分が主人公の都市伝説を面白がり、自ら進んで語り、ともすれば自分で広げているんじゃないかと思うくらいのスターもいる。こんな話だ。

アメリカ中西部に住むカレンという主婦が、初めてラスベガスに行ったときの話。スロットマシンで勝って、かなり大きな容器がいっぱいになるくらいのクォーター（25セント硬貨）を持っていた。一度自分の部屋に戻ろうと思い、容器を持ったままエレベーターに乗った。

するとドアが閉まるか閉まらないかというタイミングで、ものすごく体格がいい黒人男性が4人乗り込んできた。人口が少ない田舎町出身のカレンは、アメリカ人なのに黒人男性を見慣れていなかった。一気に緊張感を高めたカレンは、クォーターがいっぱい入った容器を強く抱え、身を固くした。

しばらくすると、中の一人が低い声で「座れ」と言った。カレンに選択の余地はない。言われた通りにした。クォーターがエレベーターの床に散らばる。すると、4人が大笑いし始めた。そして驚いたことに、みんなで手分けして拾い、容器に戻している。ふと見ると、すぐ隣に座っているトイプードルがカレンを不思議そうに見ている。男性が「座れ」と言ったのは、この犬のことだったのだ。

その夜、大きなバラの花束がカレンの部屋に届けられた。クリップで100ドル札が付けられたカードも添えられている。カードには、こう書かれていた。

〝いやー、笑わせてもらった。あんなに笑ったのは久しぶりだ。この100ドルを元手にして、スロットマシンを楽しんでください。エディー・マーフィー〟

エディー・マーフィーは、かつて『パレード』という雑誌や、ゲスト出演した『トゥナイト・ショー』や『レイトナイト・ウィズ・デビッド・レターマン』などのトークショーで繰り返し次のように語っている。筆者自身が見た番組に出演していたときは、とても楽しそうな口調だった。

〝あのエレベーターの話についてはよく尋ねられるけど、もうたくさんっていうのが正直なところだね。「こういうことがあったんですよね」と言われるから「いや、そんなことは絶対にないです」と答えると、「いやいや、でもあの場には私のいとこがいたんですよ」と返されることがある。まあ、最近は楽しくなってきたんだよ…〟

エディー・マーフィーに限って言えば、有名税も、これくらいなら許容範囲ということだろうか。

【旅する人形】

アメリカ、ヨーロッパ

こんな話を聞いたことがありませんか?

とあるアメリカの地方都市で起きた話。新興住宅街の一軒家に、おばあさんが一人で住んでいた。趣味の庭いじりが生きがいだったので、毎日のように芝を刈り込み、新しい花を植え、いろいろな飾りを置いて庭を飾っていた。自慢の庭でも一番のお気に入りは、7人の小人の人形だった。彼女は、いつも人形の配置を変えては楽しんでいた。

ある朝起きてキッチンの窓から庭を見ると、様子がおかしい。あわてて外に出ると、小人の人形が全部なくなっていた。警察に通報したが、犯人の痕跡はまったく残されていなかった。警官も、人形は戻ってこないだろうと言い残して帰って行った。

そして数日後。おばあさんに絵葉書が届いた。消印はハワイで、こう書いてある。「長く庭に立ちっぱなしだったので、休暇を取らせてもらうことにしました。ハワイはすばらしいところです。一緒に来られたら最高だったのに…。小人より」

そして2週間後のある日、玄関のベルが鳴った。ドアを開けると、そこにはアロハを着

てサングラスをかけた小人が7人並んでいた。

この話、筆者は今から30年くらい前に、当時ホームステイしていた家のお母さんから聞いた。その後さまざまな資料を調べてみると、アメリカでは1970年代の終わり頃から語り続けられてきた話であることがわかった。

犯罪やホラーめいた話、そして生理的嫌悪感に訴える話が多い都市伝説の中で、なんかほっこりする響きがある。そういう意味では異色の都市伝説だ。

この話について語るにあたり、紹介しておくべきエピソードがある。アメリカの人気トーク番組『トゥナイト・ショー』で、シカゴに住む視聴者から寄せられたという写真とともに、とあるエピソードが放送されたことがある。かなりの数の写真に、ゴムのアヒルちゃんが写っていた。そして、必ず手紙が添えられている。

これまでずっとプールの脇に座っていましたが、そんな生活に疲れてしまいました。しばらく旅に出ます。ぼくがいなくなっても、誰も気づかないかもしれませんが、もし気づいたら心配しないでください。世界を旅して見聞を広めて帰ってこようと思っています。

それでは、行ってきます。

そして、この後の写真にはアヒルちゃんが小さなリュックをかついだ姿でオヘア空港にいるところ、飛行機の窓際の席に座っているところが写っていた。次に手紙が来たのは1週間後で、消印はハワイのホノルルだ。アヒルはサングラスをかけ、アロハを着ている。その後もアヒルからの手紙はほぼ1週間おきに届き、パリのエッフェル塔や万里の長城をバックに撮った写真が添えられていた。そして半年後。ニューヨーク州から手紙が着いた。

「世界を旅して、昨日アメリカに戻ってきました。近いうちに帰ります。それでは…」

この手紙には、エンパイアステート・ビルの屋上で撮った写真が添えられていた。それから二日後、玄関のベルが鳴った。のぞき穴から見ても、誰もいない。ドアを開けると、そこに「ただいま」と書いたポストイットが貼られたアヒルが置かれていた。

アヒルちゃんバージョンは、『トゥナイト・ショー』のスタッフが作った都市伝説のパロディーだろうが、同じストーリーの噂はいくつかある。そして、この噂が広がった大きな要素のひとつと考えられる映画もある。

2001年のフランス映画『アメリ』で、小人の置物が庭からなくなり、その直後から何通もの手紙が届き始めるというくだりがある。手紙には、世界各国の名所で撮影した写真が必ず添えられている。

1970年代から語られているトラディショナルな都市伝説にインスパイアされたのは、『トゥナイト・ショー』の製作スタッフや『アメリ』のジャン＝ピエール・ジュネ監督だけではなかった。2004年にはアメリカで、そして2008年にはイギリスで、都市伝説とまったく同じ展開のいたずらが話題になり、『ニューヨークタイムズ』や『デイリー・メール』といった英米の一流新聞でも記事になった。

〝旅する置物〟の話はとどまらない。その後は、さらにアメリカでカエルの置物が世界旅行する様子が写真で送られてくるという事件が起きている。ちなみに、このカエルの置物はリムジンに乗って家に帰ってきたという。

一連の事件は、フラッシュモブのように高度に組織化されたパフォーマンスなのではないか。事の真相はどうあれ、小さな子どもが眠るときにしたくなるような話だ。

【旅行のスナップ】アメリカ、ヨーロッパ

こんな話を聞いたことがありませんか？

友だちが旅行代理店に勤めてるんだけど、とても面白い話をしてくれたんだ。お客さんが実際に体験した話らしい。なんか、都市伝説みたいな響きの話なんだけど、本当らしいよ。

カリフォルニア州の地方都市に住んでる夫婦が、旅行でジャマイカに行った。で、現地では中級クラスのロッジに泊まったんだけど、アメリカに帰る前の日、盗みに入られた。最後の追い込みでお土産《みやげ》を買いに朝出かけて、夕方帰ってくると、部屋の中が荒らされていて、いろいろなものがなくなっていた。残されていたのはカメラと、バスルームのコップに立っている歯ブラシが2本だけ。パスポートとか財布は持って出ていたから、カメラが残っていただけよかったと思うことにした。実際、旅の思い出の写真でいっぱいのカメラが盗られなかったのは、むしろラッキーだった。

そして家に帰ってきて、近くのカメラ屋にフィルムを現像に出した。出来上がってきた

写真を見ていくと、途中で2枚だけ意味がわからないものがあった。丘みたいなものが二つ写っている。空撮みたいな画面だ。二つの丘の真ん中に、棒が立っている。二人でよーく見ると、2枚目の写真の丘に、毛みたいなものが写っている。

そして二人は同時に、何が写っているのかがわかった。棒に見えたのは歯ブラシの柄で、丘に見えたのは誰かの尻。つまり、歯を磨く部分を肛門に突っ込んだところが写ってたんだってさ。

プランク（いたずら）系都市伝説ではとても有名な話だ。文章からもわかる通り、まだデジカメや写メが普及していない時代から語られていた。ここで紹介している話は、知り合いのアメリカ人から15年前くらいに聞いた。

もうひとつ、これも知り合いのアメリカ人女性から聞いた話をあわせて紹介しておく。

私がサンタモニカのレストランでウェイトレスをしていた頃の話。サンタモニカは、アメリカだけではなく世界中から観光客が集まるから、面白い話がたくさん聞けるの。これはシカゴから来た人から聞いた話。

この人の友だちの友だちが、ハネムーンでメキシコに行ったんだって。ゴージャスなホテルに泊まるつもりだったんだけど、旅行会社の手違いで、かなり下のクラスのホテルに泊まることになっちゃったの。

それでもハネムーンだから、それなりに毎日楽しく過ごしてたんだけど、ある日買い物から帰ってくると部屋が荒らされてたんだって。ビデオカメラも洋服もお金も全部盗られたんだけど、なぜかパスポートとデジカメ、そして使っていた歯ブラシだけが残されてたの。

ホテル側に文句を言うと、落ち度を認めて宿泊費はただになったらしいの。それに、クレジットカードや免許証は持って出た財布に入れていたから、実質的な被害は現金だけ。しょうがないということになって、予定通り過ごしてアメリカに帰ることになったらしいの。

帰りの飛行機で撮りためた写真をデジカメのスクリーンで見ていたら、泥棒が撮ったらしい写真が何枚か交じってたんだって。

1枚目は、知らない男が妻の歯ブラシを手に持って笑ってる写真。次の写真は、その歯ブラシをどう見ても肛門に挿してる写真。3枚目は、もう一人の知らない男が夫の歯ブラシを持ってる写真。４枚目は、その歯ブラシを肛門に挿した写真。
泥棒は二人組で、いろいろ盗んだ後、なぜかデジカメに自分たちのいたずら場面を記録しておいたんだって…。

二つのバージョンには、カメラの進化が盛り込まれている。それに伴い、写真を見るくだりが変化している。

ジャン・ハロルド・ブルンヴァン著の『The Baby Train』という都市伝説研究本によれば、この話は１９９０年代初頭から語られ続けている。最近では、現場写真がデジカメからスマホ、そしてタブレットＰＣに収められているというパターンの話も出てきた。

事件が起きる国は圧倒的にジャマイカやメキシコが多い。ただし、道具の進化という要素はあくまで第二義的で、自分の歯ブラシが他人の肛門に突っ込まれていたというショッキングな発見は、一連の話が語られ始めた時から変わらない。

長い間多くの人が同じような話を続けているわけだが、ひとつひとつの話を真に受けるなら、アメリカには愛用の歯ブラシを見ず知らずの人間の肛門に突っ込まれるという悲劇的体験をした人がかなりの確率で存在することになる。

第8章

グロテスクな都市伝説

【体内に入る虫】アメリカ

こんな話を聞いたことがありませんか？

友だちの友だちのお母さんの知り合いが実際に体験した悲惨な話。この人は、カリフォルニア州のとある郵便局で働いていた。ある日彼女は、封筒と切手の裏を直接舌で舐めて封筒に貼った。いつもは必ずスポンジを使うのだが、この日はなぜかそうしてしまったようだ。そして運が悪かったのは、この日、朝ご飯を食べたときに、舌に小さな切り傷ができていたことだった。

1週間後、彼女は舌に違和感を覚えた。鏡で見てみると、かなり腫《は》れている。すぐに病院に行ったが、診察した医師からは心配するほどのことではないと言われた。実際、いくつか検査をしたが何の問題もなかった。もらった薬を飲んだら腫れも引いたので、それでもう終わりと思っていた。

しかし3日後、口を閉じることができないほど腫れた舌で息が詰まりそうになって目が覚め、これは普通ではないと思ってもう一度病院に行くことにした。支度をしている間も、鼓動に合わせてじんじん痛みが来る。つばも飲み込めないほどだ。

口腔外科に行って診察してもらうと、腫れ上がっている舌の表皮のすぐ下で何かが動いていると言われた。麻酔をかけて、医師が舌にメスを入れると、切り口から無数の小さなゴキブリがあふれ出した。

彼女が少し前に舐めた封筒か切手にゴキブリの卵が付着していて、それが舌にくっつき、口の中の適度な温度と湿度で孵《かえ》ってしまったのだ。


『都市伝説の正体』で、1960年代の〝ビーハイブス〟という話を紹介した。ヘアスプレーで固めた髪の毛の中でクモの卵が孵り、子グモが頭皮を食い破って脳みそまで達してしまうというストーリーだ。

生理的嫌悪感を軸にすると、この話、ビーハイブスよりもパワフルだ。欧米人は虫が体内に入るというイメージを極端に嫌うらしく、この種のモチーフの話は少なくない。

ここで紹介した話は2000年頃から急速な広がりを見せ始めた。広い意味では〝ビーハイブス〟の派生バージョンと考えていいと思う。そして1960年代の〝ビーハイブス〟から2000年の〝舌からゴキブリ〟に至る過程の1990年代に、もうひとつの話が生まれている。

つい最近の話。ノースカロライナ州に住む小学生の男の子が、不審な死を遂げた。この子は、死ぬ直前まで顔全体のかゆみを訴えていた。母親が病院に連れて行ったが、原因がわからない。

とりあえずレントゲン写真を撮ってみると、画像を見た医師は真っ青になった。頭蓋骨と頭の皮の間に、小さな虫が何匹もいる。しかもまだ生きていて、あちこち動いている。さらに詳しく調べたところ、小さな虫はアリであることがわかった。手術も検討されたが、逃げ回るアリをすべて取り除くのは不可能だ。

母親から事情を聞いた医師は、信じられない状況が起きた原因を理解した。この子は、ベッドに入ってから隠し持ったお菓子を食べていたようだ。そのまま眠ってしまったのだろう。口の中にお菓子が残っていたか、あるいは顔のすぐ近くに食べかすが散乱していて、それを嗅ぎつけたアリが集まり、耳の穴から中に入ってしまったのだ。

男の子は、診察から1週間後に亡くなった。死後もう一度レントゲン写真を撮影すると、脳の中にアリの巣ができていたという。

うじゃうじゃ系の話の進化は止まらない。2009年には、以下のような話がチェーンメール化していた。

カリフォルニア州で起きた事件の話。ある若い女性が、ビーチにバスタオルを敷いて焼いていた。いつの間にか眠ってしまい、そのときハサミムシが耳に入ってしまった。ハサミムシも出られなくなってしまったようで、そのまま耳に入ったままになった。目覚めた彼女は、もちろん何も知らないまま家に帰った。

翌日彼女は、耳に猛烈な痛みを感じて病院に行った。医師に診てもらい、耳の奥に虫がいることがわかった。ピンセットで虫を取り出してもらい、ほっとしている彼女に向かい、医師は浮かない表情でこう言った。「これは……。メスですね。残念ですが、卵を産んでいるかもしれません。そうなると、かなり大ごとになります」

レントゲンで調べてみると、鼓膜のすぐ近くに小さな塊《かたまり》があるのがわかった。それがハサミムシの卵であることはまちがいなかった。そして卵が孵り、無数のハサミムシが鼓膜を破り、脳まで達した結果、彼女は死んでしまった。

都市伝説の世界では、いろいろな種類の虫がいろいろな方法で体内に入ってしまう。

【スキンタイトジーンズ】　アメリカ

こんな話を聞いたことがありませんか？

ジーンズのサイズには気をつけたほうがいい。俺の妹の友だちの友だちが、買ったばかりのタイトフィットジーンズをデートに穿《は》いていった。ほんとうにぴちぴちだったが、かなり無理をすれば穿けないこともなかったので、彼女は思いっきりおなかを引っ込めてジーンズを穿き、待ち合わせの場所に向かった。

お茶を飲んで、映画を見て、ゴハンを食べて、車の中でいちゃいちゃする空気になったとき、両脚がものすごく痺《しび》れだした。人がいない場所で話をしている間も、痺れはどんどんひどくなる。30分くらいすると、脚の感覚がない状態になっていた。

恥ずかしかったが、彼氏にわけを話してとりあえずジーンズを脱ごうとした。でも、どんなに力を入れてもまったく動かない。彼氏に頼んで裾のほうから引っ張ってもらったが、ぴったりと皮膚に貼り付くようになって、全然動かない。

そのうち、彼女の顔から血の気が失せてきた。彼氏が靴下を脱がせて爪先を見ると、紫とも濃い赤ともいえない、見たことがない色に変わっていた。

慌てた彼氏はハサミとかカッターを探したが、車の中にそんなものはない。そうこうしている間に、彼女は目の焦点も合わないような状態になってしまった。彼氏はそのまま車で病院に行くことにした。

病院に着いて事情を話すと、すぐに医師が診察してくれた。処置室でジーンズを切り、ふくらはぎから爪先までの状態を見て、医師は残念そうに言った。

「遅すぎました……。すでに組織の壊死が始まっているようです。あと2時間くらい早ければなんとか処置できたでしょうが、今の状態では両脚を切断するしかありません。すぐに手術の準備をします」

いくらきついジーンズだからといって、脱げなくなった上に血流を止めてしまうことなんてあるんだろうか？　と思ってしまうところにこの話が広がった理由があるのだと思う。ちなみに、こんな話もある。

俺の友だちの友だちが、アマチュアバンドでギターを弾いている。あるとき、地元のクラブに出演できるチャンスが巡ってきた。ここは一発キメて目立ってやろう。それにはまずルックスだ。彼はバイトで貯めたお金で、かなり高いレザーパンツを買って、それをステージ衣装にすることにした。

そして演奏の当日。実際穿いてみるとかなりキツキツだったが、今さら別の衣装は考えられない。なんとかしてジッパーを上げ、愛用のギターを持って会場入りした。

開演時間ぎりぎりまで念入りにリハーサルをしている間に、彼は汗びっしょりになってしまった。本番の前にトイレに行くと、汗で濡れたレザーパンツがさらにぴちぴちの状態になって、ジッパーも下ろせない。しょうがないから、そのままステージに上がることにした。

2曲目、3曲目と演奏が続くうち、両脚が付け根のところからものすごく痺れはじめた。4曲目になると、立っていられないくらいの痛みが出てきて、意識がもうろうとし始めた。そして、アンコールの6曲目の途中で、彼は倒れた。

誰かが救急車を呼んで、彼は病院に運ばれた。付き添いで来てくれたバンドのメンバーと一緒に処置室にいると、医師が入ってきて絶望的なニュースを告げた。

「あんなにきついものを穿いてはだめですよ！　血流が止まってしばらく経っているようですね。通報が遅すぎました。すでに組織の壊死が始まっています。心臓の血管が血の塊で詰まるのを防ぐため、両脚を切断するしかありません。あなた、死ぬところでしたよ」


ジーンズバージョンには、メーカーの実名が出てくるパターンもある。とある超有名ジーンズメーカーが、自社製のタイトフィットジーンズをさらにかっこよく見せる裏ワザをテーマにしたCMを流したことがある。ワイルドでセクシーな男性がジーンズを穿いたままシャワーを浴び、髪の毛を乾かしたところでドアのベルが鳴る。ドアを開けると、そこにはゴージャスな彼女。二人は抱き合い、キスして、女の子が「ワーオ！　なんてクールなジーンズなの⁉」みたいなセリフを言う。そして二人は手をつないで出て行く。ラストカットは、後ろ（つまり視聴者側）を振り返って親指を立てる彼。真似しようという人が出ないわけがない。

その後、両脚切断はメーカーのせいだとして訴訟が起こされ、メーカーが敗訴して莫大な賠償金が支払われたという話が広がったこともあるが、これももちろん都市伝説。ただ、いまだに語られているのは驚きだ。

【うじゃうじゃ】アメリカ、ヨーロッパ

こんな話を聞いたことがありませんか?

うちのママが、ニュースでやっていたのを絶対に聞いた自信があるって言ってた話。私はすぐに都市伝説だと思ったんだけど…。まあ聞いて。

ある女の人が近くの造園業者から大きなサボテンを買って、家に持って帰りました。そしてその夜、この人は奇妙なことに気がつきました。どう考えても、サボテンが呼吸しているのです。そして彼女は、造園業者に電話をかけました。「こんなことを言うとおかしいと思われるかもしれませんが、どうしてもサボテンが息をしているような気がするんです」

すると、造園業者の声色が変わり、「すぐ家から出てください」と言われました。そして「警察に電話をかけて、爆発物処理班を送ってもらうようにしてください」と緊張した声で続けるのです。

造園業者はさらにこう言いました。「そのサボテンには、サソリが大量の卵を産み付けているのだと思います。それが一気に孵ってしまったんでしょう。とにかく早く家から出て、そして警察を呼んでください！」

こんなバージョンもある。

これは、昔うちの隣に住んでいた女の人の話です。この人は、植物の鉢植えをたくさん持っていました。ある日、リビングに置いたサボテンを何気なく見ると、表皮が動いていました。ぞっとしましたが、よく見ると動きは止まりました。疲れていたのかもしれないと思った彼女は、そのまま何もしませんでした。

その翌日、彼女は電話で友だちと話をしていました。話の流れで、何気なくサボテンの表皮が〝動いているような気がした〟と言うと、友だちの声の調子が明らかに変わりました。そして、こう言われたのです。「それは大変よ！　ペットでも何でも生きているものはすべて家の中から出して、窓もドアも全部ぴっちり閉めなさい。今すぐに！」

彼女は何がなんだかわからなかったが、とりあえず言われた通りにした。そして、すべての窓やドアを閉めてしばらくしてから、リビングに置いていたサボテンが爆発した。家の外から見ていると、何千匹というタランチュラが出てきた。サボテンには、タランチュラの卵が大量に産み付けられていたらしい。


別項目で紹介したうじゃうじゃ系の、別の流れの話と言えるだろうか。この話、アメリカでは「ユッカのクモ」と呼ばれている。話に出てくるサボテンとはユッカのことだ。メキシコを含む北米原産の被子植物で、10メートルを超える高さになるものもある。

この話のちょっと科学的な側面は、ユッカが虫媒花《ちゅうばいか》（昆虫によって受粉を行う植物）であることだ。虫が寄り付きやすい植物というイメージが、初めから刷り込まれている。都市伝説特有の〝ひょっとしたら本当かも〟というニュアンスがうまく活かされていると思う。

中米を旅行しているときにお土産で買ったり、あるいは中米から取り寄せたりしたユッカにクモが卵を産み付けていて、それが爆発するというストーリーラインの噂が生まれたのは、1970年代初頭のイギリスやスカンジナビア諸国だった。

アメリカでは、ニューメキシコ州アルバカーキの地元紙『アルバカーキ・エクスプレス』に、この都市伝説に関する記事が掲載されたことがある。この記事でインタビューを受けたニューメキシコ大学生物学部教授クリフォード・クロフォード博士によれば、タランチュラはサボテンの表面に巣を張ったり、卵を産んだりすることはあるが、噂で語られているように、果肉の部分に卵を産むことはない。

ところが、1980年代に入った頃からニューメキシコやアリゾナ、ネバダ、そしてカリフォルニアといったアメリカの西海岸から南西部の各州で、実際の事件として新聞媒体にも掲載されたことがある。『アルバカーキ・エクスプレス』の記事には、こうした風潮を断ち切るという目的も盛り込まれていたのかもしれない。

最初に紹介した話では、サボテンから生まれるのがサソリということになっている。サソリはどうなのだろうか。

サソリがサボテンを巣にして使うことはあるらしい。しかしサソリは、メスが卵を1年半ほど抱き続け、孵化する場所もメスの体だ。つまり、どこかに卵を産み付けるということはない。だから、内部が子サソリでうじゃうじゃになったサボテンは存在しない。

この項目で紹介した話にせよ、別項目で紹介したうじゃうじゃ系の話にせよ、生理的嫌悪感だけで押し通してしまうパターンの都市伝説もある。

【さらにうじゃうじゃ】　アメリカ、ヨーロッパ

こんな話を聞いたことがありませんか？

去年、兄貴の友だちから聞いた話。知り合いの女の人が、近所のデパートで羽毛布団を買った。特別セールで、高級な品をものすごく安く売っていたので、思わず買っちゃったらしい。家に帰って確かめると、値段のわりにはふかふかで、ちょっとかけてみると、とても暖かかった。いい買い物をしたと喜んで、さっそくベッドの上に乗せて、すぐ使うことにした。

夜になってシャワーを浴びて、ベッドルームに行くと、羽毛布団が床に落ちている。お

かしいなと思いながらもう一度ベッドの上に乗せ、かけて寝た。しかし朝方、寒くなって目を覚ますと、布団が床に落ちている。布団を引き寄せて体にかけ、寝直したが、しばらく経つとやっぱり布団が落ちている。

これはおかしいということになり、部屋の中を明るくして布団をよく見てみた。別におかしいところはない。でも、なぜ動くんだろう？　そしてカバーを外して中をよく調べてみることにした。

中を見た彼女は、気絶しそうになった。中で何百万という数のウジ虫がうじゃうじゃ動いていた。どうやら羽毛と思っていたのはただの鶏の羽根で、工場が不衛生だったらしく、むしり取った羽根をきちんと消毒しないままカバーに詰め込まれていた。羽根にハエが卵を産んでいて、それが一気に孵ったらしい。

うじゃうじゃな話はイメージしやすいし、インパクトがある。だから広がり、さらにさまざまな派生バージョンが生まれていく。派生バージョンがうじゃうじゃ生まれていく図式だ。

この話のオリジナルバージョンは80年代後半から90年代初めにかけてのオランダで生ま

れたと言われている。その後北欧にまで広がり、やがて２０００年代初頭になってアメリカに渡るという過程を経たようだ。アメリカ社会でも受け入れられるよう、話は次のように進化を遂げた。

ミネアポリス（ミネソタ州）に住んでる従兄弟の友だちの女の子の体験。この子はスノボが大好きで、そう遠くないシカゴでやっていたウィンタースポーツグッズの展示会に行った。世界中の有名メーカーが出展するから、新しいダウンジャケットを買おうと思ったらしい。いくつかブースを見て回った後、ちょうど欲しいと思っていたタイプのダウンジャケットがたくさん飾られているところがあった。聞いたことがないメーカーだったので詳しい話を聞くと、インドの会社だという。

色も形も気に入ったものを見つけ、試着してみると、なかなか暖かい。それに、とにかく安かった。多少作りが雑でも、1シーズンだけ着られればいいと思い、それを買って家に帰った。

スノボグッズでいっぱいのクローゼットにしまい、翌朝見てみると、ハンガーにかけておいたはずのジャケットが落ちている。別に気にしないでかけ直したが、次の日に見るとまた落ちていた。こんなことが数日続いた。

気味が悪くなったのでジャケットを良く調べたが、特におかしなところはない。でも、どうしても気になる。裾のところが少しだけほつれていたので、そこから糸をほどいて中を見てみると、信じられないものがあった。

数え切れないほどのウジ虫がうじゃうじゃ這っていた。展示会の会場は広くて寒く、ウジ虫もあまり動かなかったが、家に帰ってきて暖かいクローゼットの中に入れておいたので動き始めたらしい。

このメーカーはダウンの代わりに鶏の羽根を使っていた。鶏の羽根にハエが卵を産みつけ、それが孵って動き出したというのが真相だった。


アメリカの一般家庭では、アラスカとかの極寒地でもない限り、分厚い羽毛布団を使うことは珍しい。そこで、より身近なダウンジャケットという小道具を使って、より信じられる、受け容れやすい内容の話になったということなのだろう。

日本でも流行するんじゃないかと思ってウォッチしていたが、何事に関しても品質管理が徹底しているシステムの中では通用しなかったようだ。しかし、それもこれまでの話かもしれない。

２０１３年10月あたりから、一流といわれる施設での食品偽装問題が相次いで明らかになった。ほぼ完璧と思われていた日本の品質管理体制にもほころびがあることが明らかになった。それに、一連の食品偽装問題によって、消費者側にも、まず疑ってかかるメンタリティが出来上がったことは容易に想像できる。

このあたりに、都市伝説が忍び込む余地があるような気がしてならない。

【ヘビの猛毒】　アメリカ

こんな話を聞いたことがありませんか？

ニューヨーク市内に住む女性がとあるデパートに買い物に行って、ひどい目に遭った。籐《とう》製のかごが欲しくて家具売り場に行き、ディスプレイされている蓋つきのかごをひとつずつ、実際に手で触れながら品定めをしていた。編みが緩いところがないか、確かめていたのだ。
いくつか触り終わったところで、彼女は突然叫び声を上げながら床に倒れた。すぐに病院に運ばれたが、到着したときにはすでに呼吸が止まっていた。死因は毒蛇に噛まれたことだった。病院から警察に連絡が行き、デパートの家具売り場に急行した警察官が調べたところ、ひとつのかごの底に大きな毒蛇が潜んでいた。このかごはアジアのとある国からの輸入品で、現地から輸出される前、おそらく倉庫で保管されているときに蛇が入り込んだらしい。

話のバックグラウンドとしては、別項目で触れた〝さらにうじゃうじゃ〟な話とよく似ている。国名こそはっきり言われてはいないが、籐のかごを輸出していて、毒蛇がいる国となれば、ある程度想像がつく。
このバージョンは80年代初頭にさかんに語られていたもので、これから派生した次のようなバージョンもある。

ニューヨーク市内にある、高級カーペットを扱う店で不慮の事故が起きた。店に来ていた女性客が突然倒れ、泡を吹いて意識不明状態に陥った。女性客が病院に搬送された後、不審な点があったのでニューヨーク市警が店内を徹底的に調査することになった。

警官が店主に話を聞いたり、設備を調べたりしているうち、丸めたまま並べられたカーペットを調べていた一人の警官が「あっ！」と声を上げて尻もちをつき、拳銃を抜いて構えた。

他の警官たちも反射的に銃を抜いてカーペットを見ると、その上に大きなコブラがとぐろを巻いていた。倒れた女性は、このカーペットを触っていて噛まれたに違いない。インドから輸入されたカーペットに、どこかでコブラがまぎれ込んでいたのだ。

こちらのバージョンは籐のかごバージョンと流行時期がオーバーラップしているのだが、コブラとインドというさらに具体的な要素が盛り込まれていて、聞き手がイメージするはずである部分がとっぱらわれている。やがて話は、さらに身近な施設を要素として取り入れながら進化した。

ついこの間、ニュージャージーの実家に帰ったとき、たまたま遊びに来た叔母さんから聞いた話。近所の人がバーリントン・コート・ファクトリーに行って、コートを買うことにした。何着か試したが、そのとき、針でつつかれるような痛みを肩に感じた。特に気にせずにそのまま家に帰ったが、翌日になると、肩が腫れあがって変色してきた。

医師の話では、蛇の毒のせいだという。そこで彼女は病院から直接店に行き、前の日に試着したコートをすべて揃えて、店員に中を調べさせた。すると、一着の内ポケットから小さな蛇が出てきた。長さは10数センチだったが、立派なコブラだった。まだ小さくて毒が弱かったため、死に至ることはなかった。

バーリントン・コート・ファクトリーというのは、アメリカ国内の大きなショッピングモールならほとんど支店がある激安アパレルチェーン店だ。なぜニューヨークやニュージャージーという東海岸の州を舞台にした話が多いのかと思っていたら、一連の話の原話バージョンと思われる次のような話に行き当たった。

1960年代のニューヨーク。港湾労働者の突然死が相次いだ。インドから材木を積んだ船が着くたびに、荷降ろしをしている会社の人間が心臓まひのような症状で倒れ、病院に運ばれて命を落とす。

港湾安全局は、インドから来る船を1隻ずつ検査することにした。そして、2日間で10隻入ってきたインド発の貨物船のうち、7隻で問題が見つかった。

いずれも切り出したままで未加工の木材を運んできた船だったが、大量の木材の中にキングコブラが数匹潜んでいた。木が切り出された山に棲《す》んでいたコブラが船に積み込まれ、ニューヨークに着く頃にはすっかり腹をすかせている。

荷降ろし業者は、コブラにとっては久しぶりに見る〝動くもの〟だ。すぐに反応して噛みついたので、犠牲者が後を絶たなかった。

ちなみに、インドからの正式な抗議の記録は一切残っていない。知り合いのインド人にこの話をしてみたら、「ああ、俺のじいさんの時代からある話だよ」という答えが返ってきた。今に始まったことじゃないらしい。

第9章

事件にまつわる都市伝説

【謎の水道水】アメリカ

こんな話を聞いたことがありませんか？

モンタナ州の州都、ヘレナ近郊のとある町で起きた本当の話。この町で、出生率が異常レベルまで上昇したことがある。妊娠する女性の年齢層はバラバラで、下は15歳から上は50歳までと、普通では考えられない状況だった。

州保健衛生局が調査を行ったところ、意外な事実が明らかになった。この都市にはバイ○○ラで有名な製薬会社の工場が建てられたばかりで、すべてはこの工場が原因だった。出荷できない製品が毎日のように出るが、端の部分が少しだけ欠けているなど外見が悪いだけで、効き目はまったく変わらない。でも、不良品は投棄するしかない。工場では不良品を集め、溶かした水を付近の川に流していた。ちなみに、この川は飲料水の水源として使われていた。

バイ○○ラの成分入りの水を飲んだ男たちはいつでもどこでも子作りが可能となり、それによって妊娠が増え、出生率が異常に上がったというのが真相だった。

昭和50年代だったと思う。愛媛県では水道の蛇口をひねるとみかんジュースが出てくるという噂があったが（ちなみに、この噂は2013年松山空港で実現されている）、モンタナ州にはどえらい水が出る町があるようだ。

アメリカ北西部に位置するモンタナ州は、広い面積を持ちながら人口は全米44位と、ちょっとカントリーな感じが否めない。この話の核となるのは製薬会社の工場だが、人口が少なく、施設を建設するために十分すぎるほどの土地があるというイメージがストーリー展開の伏線となっている。

派生バージョンとしては、ネブラスカ州やサウス／ノースダコタ州といった、環境がよく似た別の州を舞台としたバージョンもある。また、出生率が上昇するのは町全体ではなく、その町にある大学の女子学生の妊娠が相次ぐという話もある。

河川を飲料水の水源としている都市は少なくない。浄水処理技術もかなり上がっているので、不純物が混じったままの状態で住民の口に入ることは考えにくい。有機物はほとんどすべて除去できるが、水に溶け出した化学物質となると、話は別のようだ。

2007年以来、アメリカの大都市圏では飲料水の水質検査が定期的に行われており、驚くべき結果が報告されたことがある。東海岸のペンシルバニア州から西海岸のカリフォルニア州まで、全米24か所の大都市圏に対して行われた調査で、水道水に抗生物質から精神安定剤にいたるまでさまざまな薬物の成分が検出された。

なぜこんなことが起きるのか。医師からの処方箋で薬を買い、最初はきちんと飲むが、症状が軽くなっていくにつれて薬を飲まなくなる。こうしたことが何回か続くうち、飲み残しの処方薬がどんどんたまっていく。

たまってしまった薬をどうするか。大部分の人が、トイレや洗面台から直接下水道に流してしまう。そして化学成分を含んだ大量の水が、水源となる河川に流れ込む。下水処理場の機能は有機物に対する滅菌なので、化学成分を完全に取り除くことはできない。化学成分が溶け出したままの水がふたたび河川に戻る。このようなサイクルが続いていくうちに、化学成分の濃度が高まっていく。

冒頭で紹介した話は2009年頃広がったものだが、その前段階として、2007年にオリジナルバージョンと言える次のような噂が語られていた。

シカゴ周辺のとある都市で、不妊症が激増した。開業医や病院からデータが送られてくく

る中、イリノイ州保健局が実態調査に乗り出した。2カ月にわたって行われた調査の結果、驚くべき事実が明らかになった。去年、この都市の郊外に大手製薬会社の工場ができた。地元の雇用状態が良くなり、地域経済が上向きになって住民は大喜びだったのだが、原因はこの工場にあった。

この工場は郊外にある湖と大きな川にはさまれた中州のような場所に建っている。そして、この工場が作っているのはピルだった。毎日のように出る不良品はそのまま湖や川に投棄され、その成分が溶け出した水を飲んでいた地域住民の間で不妊症が蔓延《まんえん》してしまったのだ。

こちらのバージョンは、2007年の全米水質調査が行われた直後に広がった。タイミングがよいネットロア（インターネットで広がる都市伝説）だったので、かなりのスピードで広がった。今ではすっかりマイナーな噂になったものの、何かのきっかけで急速に再浮上し、広がっていくインパクトがあると思う。

【スクリーミング・セッション・レイプ】　アメリカ

こんな話を聞いたことがありませんか？

この話は、ＵＣＬＡ（カリフォルニア大学ロサンゼルス校）の学生寮で起きた本当の話です。私の夫の同僚の友だちが、取引先の会社に勤める男性から聞いたそうです。

ファイナル・ウィークの間、寮に住む学生たちは、真夜中まで静かに勉強しています。そして真夜中を過ぎると、学生たちはそれぞれの部屋の窓を開き、外に向かって叫び声を上げるのが習慣になっていたそうです。試験に備えてほとんど寝ないで勉強するので、ものすごいストレスが溜まるため、それを一気に吐き出すという意味の儀式だそうです。決められた日の真夜中から2時間だけ、大声を上げることが許されているのです。

事件は、１９９２年のファイナル・ウィークに起きました。ある朝、学校新聞にこんな見出しの記事が掲載されたそうです。

〝男女共同寮の女子学生、スクリーミング・セッション中にレイプされる〟

真夜中すぎに多くの学生が叫び声を上げる中、女子学生がレイプされたというのです。

でも、被害者がいくら大声を上げようと、誰も気に留めませんでした。スクリーミング・セッションの真っ最中だったからです。ただストレスを発散しているだけだと思われてしまいました。

この事件以来、UCLAでは、ファイナル・ウィークの間に意味なく大声を上げた学生は強制退学の対象とされるようになったそうです。

アメリカならではの都市伝説だ。どんな大学でも、アメリカの学生はものすごく勉強する。文章に出てくるファイナル・ウィークというのは、学期末試験期間のことだ。UCLAという全米でも屈指の名門大学なら、試験に対するプレッシャーも相当なものにちがいないことが容易に想像できる。こうしたイメージが、都市伝説誕生の温床となった。

学期最後の授業が終わる日から学期末試験が始まるまでの期間に行われるスクリーミング・セッションを、年中行事のひとつとしてとらえているアメリカの学生は少なくないようだ。文中で紹介されているように、外に向かって叫び声を上げたり、寮の部屋のドアを思いっきり開け閉めしたり、大音量で音楽をかけたりする。広いキャンパス内に限って行われるので、近隣住民に迷惑はかからない。

最初に考えるべきなのは、UCLAでスクリーミング・セッション中のレイプ事件が本当に起きたのか、ということだろう。そこで、UCLAが発行する学内誌『デイリー・ブルーイン』のデータベースをあたってみた。さらに、念のため編集部に問い合わせても、1992年のスクリーミング・セッション中にレイプ事件が起きたという記事は存在しない。

さらに同様の事件について調べていくと、カリフォルニア州内だけでもUCバークレーと南カリフォルニア大学、中西部ではシカゴ大学やノースウェスタン大学、さらに東海岸ではハーバード大学やマサチューセッツ工科大学と、アメリカ全土の名門大学で似たような事件が起きたことを断言するメールが、それぞれの地域で回されていることがわかった。

サイモン・J・ブロナーという民俗学者が1990年に出版した『パイルド・ハイヤー・アンド・ディーパー』という本がある。アメリカのキャンパスライフに特化して書かれたこの本の中にもスクリーミング・セッション中のレイプ事件についての記述があるが、どうやらこの話はキャンパスロア（学生の間で広がる都市伝説）と考えてよさそうだ。

また、アメリカ製AVではこの都市伝説を基にしたと思われる企画ものがかなり多く、検索エンジンでもかなりのヒットが出る。中にはそのものずばりの『スクリーミング・セッション・インシデント』（『スクリーミング・セッション中の事件』）という作品もあり、〝実際の事件に基づく〟というただし書きまでつけられているものもあった。

冒頭で紹介したメールは1990年代半ばころからやり取りされていたもので、絶対数は激減したものの、現在でも回っている。つい最近知り合ったデトロイト出身の英会話教師（50歳台）にこの話をしたところ、シカゴ大学に通っていた従兄弟から同じような話を聞いた覚えがあると言っていた。彼の従兄弟によれば、同窓会などで、他に何も話すことがなくなったときに「そう言えば、こんな話があったよな？」といった感じで出る程度の話題らしい。

スクリーミング・セッション自体も一昔前の儀式という認識が出来上がりつつあるようだが、奇妙な噂だけは生き続けている。

【スピードガンにロックオン】　アメリカ

こんな話を聞いたことがありませんか？

ロサンゼルスからラスベガスへと続くインターステート15号線。カリフォルニア／ネバダ州境のネバダ側で、ネバダ州警察のハイウェイパトロール隊員が二人、スピード違反の取り締まりをやっていた。カリフォルニア州を出たとたんにアクセルを踏み込んで飛ばすドライバーは多く、このあたりは絶好の取り締まりスポットだった。二人は、道路の両脇に立ち、スピードガンを構えて次々と走って来る車に向けていた。

一人の警官が自分のほうに走って来る真っ赤なマスタングにスピードガンを向けると、時速300マイル（480キロ）という信じられない数字が表示されていた。そんな馬鹿な、と思ってリセットボタンを押したが、表示が消えない。一緒に持っているコンピューターにつないでプログラムから復帰させようとしたが、まったく反応しない。

スピードガンの数字をリセットしようと警官が必死になっていると、すぐ近くの丘の陰から轟音とともにF／A―18ホーネット戦闘機が姿を現した。操縦していたパイロットは、自分の機体がロックオンされたことに気づき、上昇していた。

操縦席のパイロットと道路の脇に立った警官の目が合った瞬間、二人は、同時に事態を理解した。警官が持っていたスピードガンから発射された電波に戦闘機のレーダーが反応し、ロックオンされたと認識したらしい。

自動的に迎撃態勢が作動することになっているので、戦闘機の迎撃システムは警官が持っていたスピードガンをロックオンした。F／A―18ホーネット戦闘機が、スピードガンを持った警官をターゲットにしてミサイル攻撃する準備が整った状態になったということだ。この日、たまたま低空飛行訓練が行われていたことで、こういう事態が生まれてしまったらしい。

パイロットはすぐにミサイル発射態勢を解除し、警官はスピードガンの電源を切り、下に向けた。

警官が署に戻って書いた報告書は、そのまま州警察経由で軍部に回され、以下のような内容の報告書がネリス空軍基地から届いた。

〝先般の事件について報告申し上げます。当基地所属のF／A―18ホーネット戦闘機に搭載されたコンピューターがスピードガンの電波を傍受し、ロックオン状態に置かれたため敵性のものであると判断し、空対地ミサイルの発射準備を整えたパイロットが、最終確認としてターゲットの目視を行いました。そこでスピードガンを構えた警官の姿が見えたため、すべてを解除しました〟

このメールは、2008年に筆者にメールで送られてきたものだ。とても派手な内容なので、わずかな間に急速に広がった話だと思い込んでいたが、原型となる話もチェーンメールで2000年頃から出回っていたらしい。

このメールでは、ネバダ州警察のハイウェイパトロールが、ネバダ州のネリス空軍基地所属の戦闘機とニアミスを起こしたという事件について語られている。バリエーションとしては、カリフォルニア州警察のハイウェイパトロールと、カリフォルニア州東部に位置するエドワーズ空軍基地所属の組み合わせもある。

変化球バージョンというべきか、微妙に異なる系統に進化した話もある。その話もインターステート15号線を舞台としているのだが、ネリス空軍基地というのは、知る人ぞ知る〝エリア51〟ことネバダ・テスト・サイトのすぐ近くに位置している。エリア51と言えば、地球製UFO開発研究の本拠地であるとか、過去に起きたUFO墜落事件で回収された機体の破片や宇宙人の死体が保管されているという噂が絶えない場所だ。

スピードガンの表示に信じられない数字が出るまでのくだりはまったく同じだが、以降の展開が次のようになる。

……すぐ近くの丘の陰から、ヘリコプターが現れた。全体が真っ黒に塗られていて、機体番号も空軍や陸軍のエンブレムもついていない。びっくりした警官が目を見開いたままスピードガンを下に向けると、真っ黒なシールドが付いたヘルメットをかぶったパイロットが中指を立てて見せ、猛スピードで飛び去った。

陰謀論と呼ばれるもののビリーバーは多い。こうした人々にとっては、全体が真っ黒なヘリコプターという言葉が絶対的なキーワードとして響く。都市伝説の派生バージョンは、大多数の人間が信じるような性質に進化するのが普通だが、きわめて限られたグループに向けて狙い撃ちのように進化することもあるようだ。

【思い込みは命取り】　アメリカ

こんな話を聞いたことがありませんか？

LAとラスベガスをつなぐハイウェイ15号沿いの小さな町で起きた話。メインストリートとなっている交差点で信号無視が相次ぎ、これが事故につながることもあった。地元警察も昼間はパトロールができるが、夜は人員が少なくなるため、監視体制が完全ではなくなる。そこで、本物のパトカーを目立つ場所に置いて、中にマネキンを乗せておくことにした。昼間も同じ場所で見張っているので、住民には「あそこの交差点にはいつもパトカーがいる」という認識が浸透した。

ところがある晩、当番だった警官がマネキンを乗せて、ドアをロックするのを忘れて帰ってしまった。

そして翌朝。この交差点を通ったドライバーたちは誰もが大爆笑した。マネキンがボンネットの上に座り、片手にコーヒーカップ、もう一方の手にたばこを持って交差点の方を向いていた。

ＬＡからラスベガスへ続くハイウェイ15号線は、なぜか都市伝説の舞台になりやすい道路のようだ。この話、最初はたわいないいたずらに関する笑い話として広がった。実際、この話のすぐ後に、こんなバージョンが生まれている。

ＬＡとラスベガスをつなぐハイウェイ15号が通る小さな町で起きたいたずらの話。町でたったひとつの大きな交差点で信号無視が後を絶たないので、事故が起きることを恐れた地元警察が手を打つことにした。

夜に限り、本物のパトカーを目立つ場所に置いて、中にマネキンを乗せておくことにしたのだ。こうすることで、住民もあからさまな信号無視はしないようになった。

しかしある夜、当番だった警官がマネキンを乗せたまま、ドアをロックするのを忘れて帰ってしまった。

そして翌朝。この交差点を通ったドライバーたちは誰もが大爆笑した。パトカーの中に、帽子だけかぶった男女のマネキンが抱き合っていたのだ。

ボンネットの上に、帽子だけかぶらせた素っ裸の男女のマネキンが〝組み合わせられた状態で〟置かれていたというバージョンもある。

ここで終われば、この話を事件の章に組み込むことはなかった。しかし、思わぬ方向に進化した話がある。

テキサス州のとある町で起きた本当の話。この町には、隣町まで伸びるかなり長い直線道路がある。信号もないので、地元では公道レースのコースとして有名だった。ただ、警察も黙っていない。何とかしてレースの参加者を取り締まりたかったが、予算も人員も足りず、とても対応できない。そこで、マネキンに警官の制服を着せ、廃車にするパトカーに乗せて道路わきに置いておくことにした。

近くの町からレースに参加する車は、偽パトカーとマネキン警官を見てスピードを落とすようになったが、地元の人間はそうはいかない。それどころか、わざわざ車で真横を通り、マネキンに向かってショットガンを撃つ奴まで出てきた。間もなく、偽パトカーは銃弾でボロボロの状態になってしまった。

ある日、ビールを飲みながらピックアップトラックに乗って走っていたグループが、いつも偽パトカーが止まっている場所にピカピカのパトカーが止まっているのを見た。ああ、新しい車に取り換えたんだな。ドライバーは、助手席に乗っている弟に、新しいパトカーをショットガンで撃たせることにした。

パトカーの横を通り過ぎながらぶっ放すと、中にいるマネキンの頭が吹き飛び、ものすごい量の血が見えた。新しいパトカーは本物で、中に乗っている警官もマネキンではなく、本物だったのだ。

このバージョンが広がったのは1990年代半ばだ。ここで紹介した三つの話を比べると、ハイウェイ15号線バージョンはほのぼのした内容であるのに対し、テキサス州バージョンはバイオレンス映画みたいだ。

同じ舞台設定の話が進化の途中でまったく別方向に分かれるパターンは珍しい。テキサス州バージョンは、何かにつけて手荒いというテキサス人のステレオタイプなイメージが全開だ。

筆者自身も、マネキンを乗せた古いパトカーや白バイが道路脇に置かれているところを実際に見たことが何回かある。明らかに人形だとわかるのだが、夜はそれなりに見えるかもしれない。となると、いたずらも誤射も含め、どの話も完全にありえないとは思えなくなる。こうして、都市伝説の芽は大きく育っていく。

【クルーズコントロール】

アメリカ

こんな話を聞いたことがありませんか？

退職直後の男性が、妻とアメリカ中をのんびり旅行するという夢を叶えるため、新車のキャンピングカーを買いに行った。前から目を付けていたディーラーに行って、セールスマンにこう言った。

「もう歳を取ってるから、楽に運転できる車が欲しいんだが……」

「それなら、すべての機能がコンピューター制御になっている最新モデルをお勧めします。クルーズコントロール機能もついているので、アクセルを踏む必要もありません」

何の話かさっぱりわからない。でも、アクセルも踏まなくていいなら、車が何もかもしてくれるということだろう。ただ座っていればいいんだな。彼はそう思った。さまざまな機能についての説明を受けながら、男性はクルーズコントロールという言葉の意味をもっと知りたくなった。

「あの、クルーズコントロールっていうのは、どんなものなんだ？」

セールスマンは、ニコニコしながら答えた。「コンピューターが速度を一定に保ちながら走ってくれる機能です。長旅にはぴったりですよ」

男性は、この車を買い、妻との旅行を想像しながら家に帰った。

1週間後、彼は妻との旅行に出発した。高速道路に乗り、十分にスピードが乗ったところで、クルーズコントロールのスイッチを入れる。アクセルペダルが固定される感覚が足の裏に伝わった。そこで彼はハンドルから手を離し、後ろのソファに座っている妻と一緒にサンドイッチを食べ始めた。

それから約1分後。当然のことながら、車は追突事故を起こしてしまった。男性は、クルーズコントロール機能を、ハンドル操作やブレーキまで含めた〝完全自動運転〟と勘違いしてしまったのだ。

信号で停まると自動的にアイドリングがオフになったり、追突防止のため自分でブレーキをかけたり、エンジンが静かすぎるから、排気音を出すためだけの装置がわざわざ別に付けられたり……。この10年で車はさらなる進化を遂げた。ちょっと前の時代では考えられなかった機能が、ごく当たり前に標準装備されている。最新型キャンピングカーの圧倒的なスペックと、〝機械に弱い〟という老人のステレオタイプなイメージの対比が際立った話だ。派生バージョンとして、次のような話もある。

友だちの友だちのおばあさんが、新しい車を買うことにした。とあるディーラーで大きめのバンを探していると、セールスマンが寄って来てこう言った。「クルーズコントロール機能つきの車がいいですよ。車が自分でスピードを保って走るんです」

彼女はセールスマンの言葉をそのまま信じてしまい、というか完全に誤解したまま、〝全自動の車〟を買うことにした。

その数日後。彼女は孫をバックシートに座らせてロサンゼルス市内の高速を走っていた。孫が泣き始めたので、何のためらいもなくクルーズコントロールのスイッチを押し、孫の隣に座ってあやし始めた。何秒後かに、車10台を巻き込む大事故が起きた。

ここまで紹介した二つの話は、アメリカでクルーズコントロール機能搭載車が増えた70年代から語られていた。以来、さまざまな派生バージョンが生まれては消え、消えては甦るという状態が続いている。そして２０００年代に入ってすぐ、次のような話が生まれた。

２０００年11月、とある男性が全長10メートルのモーターホームを購入した。初めて高速に乗り、クルーズコントロールを時速70マイルにセットして運転席を離れ、車の後ろのほうにコーヒーを注ぎに行った。クルーズコントロール＝オートパイロット（全自動運転）という確信があったからだ。

車はすぐに蛇行し始め、路肩に乗り上げて横転してしまった。大けがを負った男性は、クルーズコントロールとオートパイロットの違いがはっきり説明されなかったことが事故の原因であるとし、入院と同時に車のメーカーを訴えた。男性は勝訴し、賠償金１８０万ドルと、まったく同じモデルの新車が与えられた。このとき、会社側は弁護士を交えた〝クルーズコントロール機能説明チーム〟を作って事に当たった。

新聞記事のような響きのこの話もチェーンメールで、全く同じ内容の裁判は存在しない。しかし、日本ではとても考えられない内容の裁判が多いアメリカでは、裁判というワードに食いつく人口が想像以上に多いらしく、それが噂の付加価値にもなるようだ。

第10章

子どもにまつわる都市伝説

【子どもを使った卑劣なレイプ】　アメリカ、イギリス

こんな話を聞いたことがありませんか？

叔母さんの職場で働いている若い女の子の従妹の友だちが、レイプ被害に遭って入院してるの。もちろんすごくショックを受けて、会社も辞めちゃったんだって。

被害に遭った日、オフィスから出て少し離れたところに停めてある車に向かって歩いてたら、薄暗くなった道端で、5歳くらいの男の子が泣いてたらしいの。近くに誰もいなかったから助けてあげようと思って近づいて行って、「どうしたの？」と尋ねたら、その子は泣きじゃくりながら、「ママとはぐれちゃった。おうちに連れてって」って言ったんだって。

そして手に持っていた紙を渡したのね。それには住所が書いてあったんだって。

ここまでされたら、普通の人は送っていくでしょ？　彼女もそうしたの。住所はそう遠くないところだったので、車に乗らずにそのまま何も疑わないで、男の子の手を引きながら歩いて行ったらしいの。

住宅街に入ってしばらく歩くと、その子の家があったから、ドアベルを押したら電流が流れて、彼女はその場で気絶しちゃったんだって。あとから考えれば、ボタンを押すと電気が流れる仕掛けになってたらしいの。

目が覚めると、誰もいない部屋の中で裸にされてたんだって。あわてて起き上がって窓辺に走って行くと、あたりに家がまったくなかったんだって。考えがまとまらないままで部屋の中を見ると、使用済みのコンドームが20個くらい散らばってたらしいの。

そこで初めて彼女は自分がレイプされたことに気がついたの。でも、犯人はわからない。誰もいなかったから、何人にレイプされたかもわからなかったらしいの。

近頃は、親切な人をターゲットにしたレイプ事件が流行ってるんだって。だから、たった一人で泣いてる子どもを見ても、声をかけちゃダメ。子どもが家に連れて行ってほしいって食い下がっても、絶対に行っちゃダメ。迷子は警察へ。これが鉄則。じゃないと、とんでもない目に遭うかも……。

3年前シカゴに行ったとき、バーで知り合った地元の女の子から聞いた話だ。どこかで聞いたような話だと思って手持ちのデータを調べたところ、2008年の時点でとあるイギリス人から聞いていた。ストーリー展開はまったく同じだが、イギリス人から聞いた話では、道端で泣いている子どもが女の子だったというところだけが違っている。

さらに調べてみると、2012年2月にはアメリカのフロリダ州デイド郡警察が発行したという警告文書付きのメールが出回っていたことがわかった。このバージョンはフェイスブック経由であっという間に広がったものの、フロリダ州マイアミガーデンズ市警察が自らのフェイスブック上で、警告文書を発した事実はないし、噂で語られているような事件が起きたという記録はないという公式発表を行っている。

この話はそもそも2005年の夏あたりに生まれ、インターネット経由で広がったようだ。チェーンメールとして始まった話は、さまざまな派生バージョンを生みながら増殖していった。

2010年バージョンでは、犯人がアメリカ大都市のギャングであるとされ、さらには子どもを助けた女性が気絶した後、ブラックマーケットに売られるというストーリーも生まれた。ちょうど、ヒューマン・トラフィッキング＝人身売買の被害者となる若い女性の増加が、特に東欧圏で問題視され始めた頃の話だ。ニュースでも取り上げられるような話題が一般社会に知られていく過程で新しいバージョンが生まれたと考えるのが妥当ではないだろうか。そしてこの話、2013年に入っても勢いが止まらなかった。友人が、自分に送られてきたチェーンメールをそのまま転送してくれた。

若い女性のみなさんへ‥

気をつけてください！　学校や仕事場から一人で帰る時、紙を手に持って泣いている小さな男の子を見たら注意してください。紙を見せ、そこに書いてある住所に連れて行ってくれと頼まれても、絶対に一緒に行ってはいけません。ギャングが考えた新しいレイプの手口です。連れて行った家に罠が仕掛けてあり、レイプの犠牲になってしまいます。これは本当の話です。被害者も全米各州でかなりの数に上っています。このメッセージを広めることが、凶悪犯罪を防ぐことにつながります。

実際に起きていない事件が、いかにも恐ろしげに語られる媒体である都市伝説の特質がよく出た話だ。

【ホーム・アローン】　アメリカ

こんな話を聞いたことがありませんか？

ラファエル・レシンデス（23歳）とエンリコ・ガルザ（26歳）という二人の不法移民が、パトリシア・ハリントンちゃん（11歳）が一人で留守番している家に押し入った。二人にとっては、11歳の少女を大人しくさせることなど簡単なはずだった。

しかし彼らは、重大な事実を知らなかった。パトリシアちゃんは、幼いころから始めたクレイ射撃で、9歳からモンタナ州チャンピオンシップを3連覇中だったのだ。

二人が玄関のドアを破って入って来た時、パトリシアちゃんは2階にある自分の部屋にいた。怪しい雰囲気を察知してすばやく父の書斎に行き、12ゲージ型のショットガンと弾丸を持ち出した。

先に2階に行ったのはレシンデスだった。階段を上って廊下に出た瞬間、至近距離から放たれた弾丸が股間を撃ち抜いた。パトリシアちゃんは、死角に入って膝をついた体勢でショットガンを構え、相手が射程距離に入るのを待っていた。レシンデスはその後、その場で失血死した。

ショットガンの音を聞いたガルザは急いで2階に走っていった。同じ場所から放たれた弾丸は、彼の左肩を撃ち抜いた。猛烈な痛みと捕まる恐怖に駆られながら、彼は何とか家の外に出て助けを求め、駆けつけてきた人に救急車を呼んでもらった。

その後パトリシアちゃん自身が警察に連絡し、警官が現場に到着した。2階で息絶えていたレシンデスは、45口径の拳銃を持っていた。これは別の家に押し入って盗み出したものらしい。銃の持ち主だったデビッド・バリエンは、胸を撃たれて死んでいるところを後に発見された。


聞いたことがありませんかと尋ねたものの、日本ではあまり知られていない話かもしれない。2012年にチェーンメールはもちろん、特にアメリカ国内で多くの人たちに語られていた。アメリカの都市伝説らしいというか、犯人の描写に強い悪意が感じられるあたり、アメリカの都市伝説の典型という性質が見え隠れしている。どう考えても名前がラテン系で、しかも不法移民とあえて語られているのだから、犯人がメキシコ人であることは明らかだ。抗議運動が起きてもおかしくない内容だが、そこは都市伝説として広まっている話なので、本気でキレる人はいなかったのだろう。

マコーレー・カルキン主演の映画『ホームアローン』のストーリーそのものの事件は、本当に起きていたのか。それより、読者のみなさんはどのくらいの割合で『ホームアローン』を知っているだろうか？　映画を見たことがあるかどうかは別として、これほど起承転結が見事に流れる展開の事件が本当に起きているわけがない。

話の原点を探ってみる。そもそもの始まりは、２００７年に『リバティーポスト』というウェブサイトで紹介された話だったらしいことがわかった。このウェブサイト、アメリカ国内では、主として反不法移民法運動と銃を所持する権利を訴える団体が立ち上げたものとして認識されている。全米ライフル協会や、一時期日本のニュースでも話題になったミリーシャ（民兵組織）関連の人たちが愛読しているというイメージが強く、かなりバイアスがかかった媒体であるようだ。

ここでは、話が流行した時期に注目したい。12月はクリスマスの季節。『ホームアローン』は、小さな男の子がクリスマス休暇で旅行に出かけた家族に置いていかれてしまい、一人で強盗と戦うというストーリーだ。流行の時期から考えると、面白がられて広がるのを狙い撃ちした感じが否めない。

２０１３年に入ってからも、派生バージョンが生まれ続けている。ベースとなるストーリー展開はそのままだが、テキサスやジョージア、アーカンソー、ルイジアナなどの州で起きた本当の事件として語られている。主人公の子どもも、クレイ射撃の州チャンピオンからテコンドーの全米小学生チャンピオン、そしてダーツの年代別全米チャンピオンとさまざまに変わった。

夏ごろに一度勢いが落ちたものの、この原稿を書いている12月に入ったのを合図にしたように再び息を吹き返した。ちなみに最新バージョンは、主人公がクレイ射撃のニューヨーク州小学生チャンピオンだが、犯人グループは相変わらずラテン系の名前の人たちだ。季節の移ろいとともに流行し、見事なまでに消滅する都市伝説もある。この本が書店に並ぶ頃には、この話もまるでなかったかのように忘れられているかもしれない。

【幼女レイプ事件】アメリカ、ヨーロッパ、アジア

こんな話を聞いたことがありませんか?

今日、サムズ・クラブでとても恐ろしい目に遭いました。買い物をしていた女性が慌てた様子であちこちを見回しているので、「どうかしましたか?」と訊ねると、4歳の娘がいなくなってしまったというのです。

何かしなくてはいけないと思った私は、近くの店員に事情を話しました。店内放送でこの人の娘を呼び出してもらうことにしたのです。店員は近くにあった店内電話ですぐに連絡してくれました。すると、事務所から警備員が出てきて、それぞれがいくつかある出口に見張りにつきました。

誰も外に出られないようにしておいて、店内をくまなく捜すと、女の子がトイレで見つかりました。個室に入れられ、便座に座らされたうえ、髪の毛まで染められて。その子は下着しかつけていなかったそうです。

犯人が誰であれ、この子はわずか10分ほどの間にトイレに連れ込まれ、髪の毛を染めら

れて、服を脱がされていたのです。多くの人が集まる場所では、子どもから目を離してはいけないと思いました。

アメリカで何回となく流行を繰り返し、〝サムズ・クラブ事件〟という題名が付けられている都市伝説だ。ちなみに、サムズ・クラブというのは、会員制の激安スーパーチェーンで、大都市の郊外ならどこにでもある。

筆者は、２００６年にカリフォルニアのオレンジ郡に住んでいたが、当時息子を地元の幼稚園に通わせていた日本人女性が、〝アメリカ人の友だちから聞いた話〟としてまったく同じ話をしてくれたのを覚えている。

『Encyclopedia of Urban Legends（都市伝説百科事典）』という本に「サムズ・クラブ事件」をはじめとする幼児誘拐未遂事件の噂に関する次のような考察がある。

この種の話のバリエーションはかなり多く、１９７０年代半ばに同じプロットの噂が全米で広がっていた。現場となるのは、新規オープンしたショッピングモールやデパート、そして遊園地だ。もちろん、噂で伝えられているような事実はない。多くのメディアが真相解明に乗り出し、最終的には都市伝説にすぎないという結論に達している。

日本でも多くの噂が生まれ、次に紹介するように、具体的なチェーン名や地名を盛り込んだ書き込みもかなりあった。

＊「○○市にある○ティ、そして△△町のヨー○ドーで、幼児をトイレに連れ込んでいたずらする事件が立て続けに起きてるみたい。
＊男の子はお尻にボールペンを入れられ、女の子はもっとひどくて……。
＊3歳で子宮全摘出。口には粘着テープをされていたらしい。
＊○○県○○市や○○市の大型スーパーのトイレ個室でも、性的暴行の被害にあった小学高学年の児童もいるようです。

日米問わずにビリーバーが多いこの話、現状はどうなっているのか。やはり進化は続いているようだ。次に紹介するのは2010年の6月に筆者に送られてきたチェーンメールだ。

みなさんへぜひお伝えしたいことがあります。これからお知らせするのは、決して嘘ではありません。どうか、できる限り多くの人に伝えてください。あなたの行動が、幼い命を助けるかもしれません。

昨日の夜、アズダ（イギリスのスーパーマーケットチェーン）のブラッドリー店で、3歳の女の子が行方不明になってしまいました。アズダでは、こうした事態が起きた場合、店のすべての出入口を封鎖することになっているそうです。

女の子は、女子トイレで見つかりました。個室に閉じ込められていましたが、ルーマニア人の女性が二人一緒にいたそうです。一人がバリカンを持っていて、髪の毛をぼうず頭にして、もう一人が男の子の洋服に着替えさせていました。この話は、ブラッドリー店に勤めている人から聞きました。人が多く集まる場所では、子どもから目を離さないでください。

アメリカの超有名都市伝説として知られている話が、2010年にはイギリスでチェーンメール化していた。増殖はイギリスだけにとどまらない。現在はフランスやドイツ、そしてスペインなどでも実際の事件として語られている。

アジアでも韓国やシンガポールをはじめとする国々にまったく同じ内容の噂がある。1970年代半ばのアメリカで生まれた噂が、最初は口伝で国内に広がり、インターネットの普及とともに爆発的に流行し、世界中で増殖しながら今も生き続けている。また、噂が広がるためのツールは格段の進化を遂げているのに、話の内容が40年以上も変わらないという事実も面白い。

【ホビット族を捕まえた酔っ払い】　アメリカ、ヨーロッパ

こんな話を聞いたことがありませんか？

インディアナ州の田舎町に住んでる俺の友だちの弟のいとこが、幼なじみから聞いた話。ある晩、この男が友だちと一緒に派手なパーティーをやった後、さらにバーに行こうということになった。バーがある隣町に行くには、ど田舎の一本道を走っていかなきゃならない。運転しながらコカインも吸っていたので、事故を起こすと面倒なことになると思い、スピードはあまり出さなかった。

しばらく走ってると、ヘッドライトが届く範囲だけ明るくなっている空間を、何か小さなものが横切った。二人は、何だろうと思いながら顔を見合わせた。そこで、変なことが起きた。まともに考えられる状態じゃなかったから、二人とも〝ホビット〟を見たと思い込んで、それで納得したんだ。そして、その場で車を停め、捕まえようということになった。

二人は、薄暗い道とその両側に広がる畑を走ってホビットを追いかけまわし、30分くら

いかかって捕まえて、トランクに閉じ込めた。もうバーのことなんて忘れてる。家に帰ってホビットをトランクから出し、家の中に引きずっていって、クローゼットに閉じ込めた。引き戸にチェーンをかけ、絶対に開かないことを確かめたところで、酒と薬が一気に効いてきて、二人ともそのまま寝てしまった。

目が覚めると、すでに朝日が昇っていた。二人とも、昨日の夜の出来事はうっすらとしか覚えていない。でも、クローゼットの引き戸の取っ手にはしっかりチェーンが巻きつけてある。チェーンを外して引き戸を開け、中を確かめると、恐怖で目を閉じられなくなっている5歳くらいの男の子が座っていた。

これはまずいという話になって、二人は逮捕されるのを覚悟で地元の警察に電話をかけた。ところが何日か後、二人は地元紙にヒーローとして紹介された。誘拐した男の子は行方不明になっていて、捜索願が出ていた。実際は酔っぱらった上に薬でぼうっとしながら、ホビットだと思って捕まえたのに、夜中に行方不明の男の子を助けた若者として紹介されることになったんだ。しかも、男の子の両親からかなりの金額の謝礼を貰ったらしい。

原話バージョンと思われる話は、2005年から噂されていた。パーティージョークとして語られていたようだし、ネット上でも広まっていた。ただ、筆者が知っている一番古いバージョンでは、ドラッグでハイになった高校生が小さな子どもを〝小人〟と思い込んで捕まえて、家のクローゼットに一晩閉じ込めたが、翌朝怖くなって、捕まえた場所にそっと置いてくるという内容だった。

そもそも子どもを小人と〝間違えて〟捕まえる奴なんかいるわけがない。ただ、酒に酔っていたとか、麻薬を使っていたという説明＝言い訳が入るだけで、絶対にありえない話には聞こえなくなる。

そして2010年までに、ヨーロッパを舞台にした同じ展開の話が生まれていた。次に紹介するのは、とある都市伝説掲示板に寄せられていた書き込みだ。

昨日の夜、バーで女の子と知り合ったんだけど、その子からものすごく面白い都市伝説を聞いた。友だちが何人かでアムステルダムに行って、すぐにマリファナを買って吸い、ハイな状態であちこち歩き回ってたらしい。そして、彼らは、とある家の庭先でノーム（コロボックルみたいな小人）の人形を見つけた。世界で一番面白いもののように思えた

から写真をいっぱい撮ったが、それだけじゃ満足できなくて、ホテルに持って帰ろうっていうことになった。そのまま勢いでホテルまで持って帰って、人形をクローゼットに入れて寝てしまった。

翌朝起きて、「昨日は面白かったな」なんて話しながら、もう一度人形を見てみることにした。みんなでクローゼットを開いて中を見たら、そこにいたのはノームの人形じゃなく、恐怖で全身ガチガチになった小さな女の子だった。

人形と間違えられて連れてこられた女の子は、自分の家の庭に立っていたら突然見知らぬ男たちに拉致され、恐怖のあまり声も出せず、一晩そのまま過ごしたということだ。このバージョンでも、マリファナが合法化されているアムステルダムというキーワードが効いている。

語られている要素をひとつひとつばらして考えると、〝ありそうもない話〟で終わってしまうが、すべてがまとまると起承転結がきれいに流れ、なんとなく納得できてしまう話になる。でも、実際には起きていないからこそ、都市伝説として広がるのだ。

【真っ黒な目の子どもたち】

アメリカ

こんな話を聞いたことがありませんか？

この間、オレゴン州ポートランドに住んでいるおばあちゃんから聞いた話。おばあちゃんの隣の家に、ついこの前まで住んでいた人が実際に体験したらしい。ある日の夕方、ドアのベルが鳴ったから、脇にある窓から外を見ると、ボーイスカウトっぽい制服を着た子どもたちが数人立っていた。みんな大きなバッグを持っている。中にクッキーの箱がいっぱい入っているのがちらっと見えた。

活動費用を稼ぐためだろうと思い、この人は10ドル札をお財布から出して玄関のドアを開けた。

ずらっと並んでいる子どもたちの顔を見た途端、この人は腰を抜かしそうになった。8人いる子どもたちの目は、みんな白目がなくて、真っ黒だった。一番前にいる男の子が「クッキーを買っていただけませんか？」と言ってニヤリと笑った瞬間、この人は気絶したらしい。

そして、しばらくしてこの人は引っ越していった。おばあちゃんの話では、近所で似たような体験をした人がたくさんいるらしい。

同じ種類の噂がアメリカで流行し始めたのは、2013年に入ったばかりの頃だった。

ほかにも、こんな話がある。

インターネットで不気味な噂が広がっている。この話は、どうやら本当らしい。日暮れどきや夜の早い時間、10人くらいの子どものグループが玄関の前に立ってベルを鳴らす。なんだろうと思ってドアを開けると、先頭に立っている子どもが顔を伏せたまま「トイレを貸してくれませんか?」と言う。

かわいそうだと思って家の中に招き入れようとすると、「どうもありがとう」と言いながらこの子が顔を上げる。その子の目には白目がなく、真っ黒だ。驚いて逃げようとすると、残りの子どもたちも一斉に顔を上げる。みんな白目がなく、真っ黒な目をしている。

ネット上の〝目撃証言〟を総合すると、ブラックアイド・チルドレン(黒目の子どもたち）の年齢は6〜16歳くらいで、現れるのは夜だ。クッキーを買ってほしいと言ったり、トイレを貸してくれと頼んだりするが、声はまるでボーカロイドのように無機質な響きだという。語り手となる体験者は、彼らをエイリアンやバンパイア、あるいは悪魔の子だと信じ込む。アメリカの都市伝説掲示板で見つけた次のような書き込みも紹介しておく。

ＭＳＮで面白いビデオを見つけました。〝ブラックアイド・チルドレン〟の噂に関するもので、そもそも話のルーツは１９９０年代までさかのぼることができるそうです。

噂が流行のピークを迎えたのは２０１３年2月から3月だったが、そのタイミングは、ＭＳＮアメリカ版でとあるショートフィルムが紹介された直後だった。その名もずばり『ブラックアイド・キッズ』というホラー映画のプロモーションの一環として公開されたものだった。

さらに、ＭＳＮで紹介されたフィルムを模倣した自作ビデオがネット上にあふれ、噂が一気に盛り上がった。噂が盛り上がる中、『ブラックアイド・キッズ』を作ったカナダ人監督ニック・ヘイゲンがコメントを出した。

「僕はユーチューブで『ホーンテッド・サンシャイン・ガール』というタイトルのホラービデオシリーズを公開し続けてきた。『ブラックアイド・キッズ』は、このシリーズのスピンオフ作品なんだ」

『ホーンテッド・サンシャイン・ガール』は、ユーチューブで再生回数1千万回以上という大ヒットビデオだ。そして興味深いのは、黒目の子どもたちの目撃情報がオレゴン州ポートランド近辺に集中している事実だ。この話は、どうやらポートランド一帯で昔から語り継がれてきた地元では有名な都市伝説ということらしい。

ヘイゲン監督も、この都市伝説がかなり昔からあったことを認めている。昔から語り継がれてきた都市伝説にインスパイアされる形で『ホーンテッド・サンシャイン・ガール』シリーズを製作し、さらに『ブラックアイド・キッズ』という映画に仕上げたのだろう。

ユーチューブで公開したビデオシリーズから生まれた映画のプロモーション映像が元となって生まれた噂に数えきれないほど多くの人たちが乗って、模倣が模倣を呼ぶ形でさまざまなビデオが作られて話が盛り上がり、あるはずのない体験談が多くの人たちの目に触れることになった。噂の流布の形態と過程が、とても今日的であることはまちがいない。元ネタがきわめて狭い地域で長い間語られている都市伝説だったという事実も面白い。

あとがき

ジョークがなぜ面白いのかを説明するほど無意味なことはない。この感覚は都市伝説にも当てはまると思う。都市伝説の背景を探っていくことは、それはそれで意味ある作業だと思っているが、あまりに掘り下げてしまうと、話のそもそもの面白さやテンポが失われ、伝わらなくなってしまう。こう考えた筆者は、この本では語り継がれている話そのもの、そして派生バージョンを紹介するという作業を第一に考えた。

前著『都市伝説の真実』でも、そしてその前の新書版『都市伝説の正体』でも、話の内容と、流行の背後にある事実の紹介のバランスには苦労した。言いっ放しのような本にしたくないという気持ちが強すぎたため、説明的要素の方が多くなってしまった感も否めないと思う。

そのあたりの反省を含め、この本ではプレゼンテーションの方法を改めた。トラディショナルな話、新しい話を取り混ぜながら、背景の事実について触れる部分も必要最小限のレベルで止めたつもりだ。

都市伝説という言葉で表される話もまた、事実と虚構が織りなす絶妙なバランスの上に成り立っている。どちらの要素が強すぎても流行することはなく、生まれてすぐに消えてしまうだろう。逆に、長い間語り続けられる話に盛り込まれる事実と虚構の間には、そうなるためのさまざまな工夫が施される。

まえがきで、都市伝説の核となるのは、〝会ったことはないが、なんとなく存在が確信できる人〟である〝友だちの友だち〟だと書いた。このあとがきでは、都市伝説という言葉を改めて定義して終わろうと思う。

会ったことはないが、なんとなく存在が確信できる〝友だちの友だち〟が実際に体験したという、本当でも嘘でもない話。国家権力がからむ巨大な陰謀論や、未確認動物、そしてエイリアンがらみの話もあるが、都市伝説という言葉で形容される話のエッセンスは、もっとぐっと身近なところにあるような気がする。

最後になったが、まずこの本を手に取ってくださった方々、そして今回の企画を任せてくださった黄金文庫編集長の吉田浩行氏に心からのお礼を申し上げ、あとがきとさせていただく。

２０１４年１月

宇佐和通

一〇〇字書評

切り取り線

購買動機（新聞、雑誌名を記入するか、あるいは○をつけてください）	
□（　　　　　　　　　　　　）の広告を見て	
□（　　　　　　　　　　　　）の書評を見て	
□ 知人のすすめで	□ タイトルに惹かれて
□ カバーがよかったから	□ 内容が面白そうだから
□ 好きな作家だから	□ 好きな分野の本だから

●最近、最も感銘を受けた作品名をお書きください

●あなたのお好きな作家名をお書きください

●その他、ご要望がありましたらお書きください

住所	〒				
氏名		職業		年齢	
新刊情報等のパソコンメール配信を 希望する・しない	Eメール	※携帯には配信できません			

あなたにお願い

この本の感想を、編集部までお寄せいただけたらありがたく存じます。今後の企画の参考にさせていただきます。Eメールでも結構です。

いただいた「一〇〇字書評」は、新聞・雑誌等に紹介させていただくことがあります。その場合はお礼として特製図書カードを差し上げます。

前ページの原稿用紙に書評をお書きの上、切り取り、左記までお送り下さい。宛先の住所は不要です。

なお、ご記入いただいたお名前、ご住所等は、書評紹介の事前了解、謝礼のお届けのためだけに利用し、そのほかの目的のために利用することはありません。

〒一〇一 - 八七〇一
祥伝社黄金文庫編集長　吉田浩行
☎〇三（三二六五）二〇八四
ohgon@shodensha.co.jp

祥伝社ホームページの「ブックレビュー」からも、書けるようになりました。
http://www.shodensha.co.jp/bookreview/

祥伝社黄金文庫

最新《さいしん》　都市伝説《としでんせつ》の正体《しょうたい》

平成26年2月10日　初版第1刷発行

著　者　宇佐和通《うさわつう》

発行者　竹内和芳

発行所　祥伝社《しょうでんしゃ》

〒101－8701
東京都千代田区神田神保町3－3
電話　03（3265）2084（編集部）
電話　03（3265）2081（販売部）
電話　03（3265）3622（業務部）
http://www.shodensha.co.jp/

印刷所　萩原印刷

製本所　ナショナル製本

Printed in Japan　ⓒ 2014, Watsu Usa　ISBN978-4-396-31631-0 C0139

祥伝社黄金文庫